JN319401

小学館文庫プレジデントセレクト

セクシーに生きる

ジェイミー・キャット・キャラン
永峯 涼 訳

小学館

Published in agreement with the author,
c/o BAROR INTERNATIONAL, INC., Armonk, New York, U.S.A.
through Tuttle-Mori Agency, Inc., Tokyo

自分の中に眠る〈フレンチウーマン〉を
表現したい、すべての女性へ

——謝辞にかえて

まえがき

わたしの祖母はフランス人でした。

物心ついてから大人になるまでずっと、わたしは祖母という人をよく理解できませんでした。祖母から嫌われていると、長いあいだ思いこんでいたほどです。彼女はいつも超然として、近寄りがたい雰囲気があり、少し冷たい人のように思えました。祖母のことが大好きで、尊敬もしていたけれど、友達のところの典型的なおばあちゃんたちをうらやましく思うことも、しばしばでした。そう、白髪まじりの、愛情いっぱいの〝ばぁば〟で、花柄のゆったりとしたコットンドレスを着、クッキーを焼いてくれる。たるんだやわらかいほっぺたをくっつけながら孫を抱きしめ、孫がキーキー言いながら逃げ出すまでキスをし続けてくれる、おばあちゃん。

わたしの祖母は、このようなことは何ひとつしてくれませんでした。フランス人である彼女は背が高く、スリムでエレガントな女性でした。隔週の日曜日、彼女は洗車したばかりのピカピカの黒のビュイックに乗って、我が家に遊びに来ました。祖母はけっして運転をおぼえようとしなかったので、運転はいつも祖父の役目でした。

祖母が来る日は、いつもワクワクしながら待っていました。祖母はいつもわたしをじっと見て、「ダンスのレッスンはどう？」とたずね、わたしをきちんと立たせて服を点検しました。祖母にほめてもらいたくて、その日はかならずおしゃれをしたものです。

銀髪に染める前の祖母は黒髪でした。すらりとして長い、均整のとれた脚をしていました。首にはいつもカラフルなスカーフを巻き、薄手のストッキングとハイヒールの靴を履いていました。髪はいつだってきちんとセットされていました――なんていったって、毎週土曜日の午後には欠かさず美容室に行っていたのですから。メイクは少しだけ、でも口紅はかならずつけていました。口紅の色はピンクではなく、ピーチカラーでなくてはならない。それが彼女のこだわりでした。靴とハンドバッグはお揃いにするほどわざとらしくはせず、素材や色で統一感を出していました。シルクのハンカチを持ち歩き、ニコニコ愛想をふりまいたりはしない。思いっきり笑うことなど皆無。わたしを抱きしめることもめったになかった祖母でした。

当時は気がつかなかったけれど、わたしはこのミステリアスな祖母にやさしく見守られながら大きくなりました。そして、はるか昔からフランス女性が駆使してきた、つねに男を引きつけて情熱を失わせないための秘訣も目の当たりにしてきたのです。

わたしの祖父母は、いつも平和に仲よく暮らしていたわけではありません。しばしば些細なことで激しい喧嘩をしていました。初めて二人が言い争うのを見たときは、本当におびえてしまったものです。祖父が怒鳴り、祖母がパイ生地をこねながらわめき返す。わめきながらも生地をこね、押してはひっくり返し、叩きつけて、麺棒でのばしていく。おいしいリンゴのタルトをつくるために。喧嘩は何時間も、ときには何日もつづくことだってありました。でも仲直りの仕方はいつも同じ――夜、ささやき声とともに寝室のドアが閉じられ、カギがかけられる。そして翌日、祖母はデパートへと出かけて、新しい帽子とともに帰宅するのでした。二人は意見が合わないというだけで喧嘩しているのではなく、そこには複雑で官能的な駆け引きがあることが、そのうちわたしにもわかってきました。フランス女性にとっては、堂々と自分らしくいることが、相手に合わせて平穏無事に過ごすよりも大切な場合があるのだと。相手に何もかも話すよりは、黙っておいしいパイづくりに集中していたほうがいい場合だってあるのだと。そしてときには〈良妻〉でいるのをやめることで、ベッドでの情熱をかきたてることができるのです。

高校三年生になる直前の夏休み、わたしは『マドモワゼル』誌で、女性の権利や、ウーマン・リブというものについて知りました。時は一九七〇年代、すべてが変わろうとしていました。わたしは反戦バッジを一面につけたミリタリージャケットを着、破れたジーンズをはいて学校に通うようになりました。ある日の午後、わたしはソファでくつろいでいた祖母に議論をふっかけ、祖父が彼女を支配し、不当に利用しているのをやめさせるべきだと詰めよりました。おじいちゃんはおばあちゃんを虐待している、とまで言ったのです！

「食事の支度をしたり、お皿を洗ったりするのを、どうしておばあちゃんがしなくちゃいけないの？　家庭菜園の野菜をビン詰めするのだっておばあちゃんじゃない」

「そうかしら。わたしたち、一緒にやってるつもりだけど」が祖母の答えでした。

わたしは食い下がりました。「なんで毎週美容室に行って、いつもきれいにしていなくちゃいけないの？　おじいちゃんは、おばあちゃんのためにそこまで身なりに気をつかってないじゃない」わたしは祖母のそばまで行って、言いつのりました。「それに、なんでいつもスカートやワンピースなの？　どうしてストッキングにヒールの靴を履かなくちゃいけないわけ？」

祖母はただ微笑んだだけでした。胸元の真珠のネックレスをいじりながら、母にお茶を一杯ちょうだいと言いました。これは、彼女がもうこの話題について話をしたくないという合図でした。話はそこで終わりました。

このときの反応によって、わたしは祖母をいっそうミステリアスな女性だと思うようになりました。フランス女性の神秘が心に刻みこまれた瞬間でした。

あれから何年もの月日がたち、その間わたしは何度もフランスを訪れました。バツイチで最近再婚したばかりのわたしにとって、フランス女性が愛を生きながらえさせ、相手を飽きさせない秘訣は、とりわけ興味のあるトピックです。ロマンス、セックス、結婚、そして女性であることそのものが、大いなる謎を秘めています。そして祖母や母は、その謎をわたしに明かさないまま亡くなりました。わたしがフランスへ行く決心をした理由はそれです。フランスへ行き、フランス女性の話を聞き、その内容を本にして、アメリカ人女性にも愛の秘訣を伝えようと思ったのです。

この本は〈フレンチウーマン〉の理想的な姿をわたしなりにまとめたものです。フランス人といっても色々な人がいますから、みんながみんなこの本のとおりではないのは当然のことです。わたしがフランス女性を崇拝しているという事実も差し引いて読んでください。

あなたの人生をよりスリリングでセクシーで、ロマンティックな、つまり〈満たされた〉ものにするために、本書からどうぞヒントを得てください。自分に合ったやり方をピックアップして、実行してみてください。案外、自分にもフランス的な部分があることに気がつくでしょう。

ジェイミー・キャット・キャラン

目次

第6章　フランス女性はボディケアを怠らない 123

第1章

フランス女性はデートから入らない

偉大なるアメリカン・デート

振り返ってみれば、まだあなたが小さな女の子だった頃――卒業ダンスパーティのためにお姉さんが着飾って、エスコート相手が迎えに来てくれるのを待つ姿をうらやましそうに眺めていた頃から、あなたはこの瞬間を待ちこがれていたはず。初めてデートをするその瞬間を。それは大人の一歩を踏み出した証拠なのだから。

それより前のあなたは、外でサッカーをして膝を泥だらけにしたり、ピアノレッスンに行く途中でピザを買い食いしたりする、ごくふつうの女の子でした。ところがある日、自分の部屋から出てきたときにはどうでしょう。あなたはもうただのふつうの女の子ではなく……プリンセスになっていたのです！

クロエのドレスを着て、プラダのバッグをさげ、マノロブラニクのハイヒールを履いたあなたは、突然大人びたように見えます。髪型も素敵、チェリーカラーのリップグロスに、黒のアイライナーまで引いています。

そして夢にまでみたデートの相手は？　そう、彼もまた突然大人になったのです。近所のふつうの男の子から、白馬の王子様に変身したのです。

実際のデートはどうだったでしょう？　それほど夢のような時間ではなかったかもしれません。最後はビールを飲みすぎて近所の家の前で気分が悪くなってしまい、頼りの王子様の姿はどこにもなく、くしゃくしゃになったドレスを引きずって一人で家に帰る、なんていう顛末だったかもしれません。

そんな苦い経験を重ねてもなお、男性とつき合うことに対してあなたが抱いている幻想は薄れていないのではありませんか？

辛抱づよく待つか、もしくは優秀なインターネットお見合いサービスに登録したり、独身男女が集まる会に参加したりして積極的に活動すれば、自分にぴったりの相手がかならず見つかるはずだと、今でも思っているのでは？

恋愛はビジネスとは違う

歳を重ねてきたあなたは、そろそろ真剣に婚活に取りかからなきゃと気合を入れているかもしれません。リサーチをし、ハウツー本を読みあさり、セミナーや婚活イベントに参加して、自分にノルマを課しているかも。三十五歳までにかならず結婚相手を見つける、あるいは年末までに彼氏をゲットすると期限を決めたり、知り合いという知り合いに、誰かいい人がいたら紹介してと頼んだり。ふさわしい人が見つかるまで絶対にあきらめないわ、と。

そう、わたしたちアメリカ女性はいつだって上昇指向が強く、キャリアを第一に考えています。そして、恋愛相手を探すのにも、まるでＭＢＡを修了した学生が仕事を探すようにやってしまうのです。ネットワークを広げ、インターネットを駆使して、できるだけたくさん出会いの場をゲットしてスケジュールに詰めこもうとします。半年ぐらい集中的に努力すれば、自分にふさわしい男性に出会えると、心のどこかで信じながら……。

最初のうちは、とても前向きで楽観的な気分でいられるでしょう。おびただしい数のデートをこなし、友人という友人に紹介を頼み、誘われればどんな会にも出席し……。そしてそのうち、そんな生活に疲れ、失望してしまうのです。いつかは理想の男性〈ミスター・ライト〉が自分の目の前にあらわれるという幻想を信じているからです。ミスター・ライト――わたしにぴったりの男性はどこかにいる、だからひたすら探し求めて、彼を見つけなくちゃ！と思っているのです。

デートに疲れちゃった症候群

それとも、そもそもミスター・ライトなんて信じていないのかもしれません。男なんてしょせんグリム童話のカエルの王子様みたいなもの。女がいつも気にかけて、世話をしてあげればようやく王子様に変身してくれる存在だと思っているのかも。つねに「やればできる」という意識をもっているアメリカ人女性は、男性をも自分に課された課題ととらえがち。彼の数々の欠点を見つけ出し、改造プログラムを組むなんて朝飯前——買い物に連れ出してもっとましな服を買わせたり、今風の髪型にしてくれるまともな美容室に行かせたり。あなたの髪、もう少しワックスをきかせてもいいんじゃない？　なんて言って。

より収入の高いポジションに彼を転職させるため、一緒にひと晩じゅうコンピュータの前に座って、彼の履歴書の書き直しにつき合い、仕上げに、彼に低コレステロール・ダイエットをすすめ……そしてある日、あなたはあきらめてしまう。もう疲れちゃった。ウンザリだわ。こんなことずっとやっていられない。それにしても……恋愛のときめきを、わたしったらどこに置いてきちゃったのかしら？

もしあなたがうんと若ければ、今言ったような思いはしたことがないかもしれません。誰かと一対一で真面目につき合ったことがなく、むしろそんなつき合い方には否定的なのかも。昔ながらの真剣な男女交際なんてかっこ悪いというわけです。

時代の先端をいくあなたは、男と女にたいした違いなんかないと思っているかもしれません。セックスはセックスでしかない。仲間でつるんで気ままに過ごし、楽しんで何が悪いの？　明日は何が起こるかわからない。明日には世界の終わりがくるかもしれないのだから。デビッド・リンチ監督のＤＶＤでも見ながら、ピザを注文しましょ。そして、もしそういう気分になったら、セックスすればいい。たくさんしたっていいし、全然しなくってもＯＫ。たいした話じゃないわ、セックスするのは楽しいし、誰かが誰かを所有してるというわけじゃないんだから、友達の誰と寝ようがかまわないでしょう？　それにこのやり方だと誰もやきもちを焼いたりしなくてすむし。いいことずくめよ……。

たしかに、昔ながらの一対一の交際と比べて、〈つるむ〉ことには一定のメリットがあります。実際に相手をよく知ることができるのです。仲間と一緒にいるときの彼を観察することができます。そして二人で部屋着のままうだうだ過ごし、お気に入りの音楽やDVDを鑑賞し、安いビールを飲んだり、秘密を共有したり、泣いて、笑って、キスしたりセックスしたりしているうちに、親密度が増していきます。

しかしある日、そういうメリットを感じていた友達の一人が、仲間にこう宣言する日がくるのです。運命の女性と出会ったと！　真剣に思い、人生をともにしようと決心したと！

あなたは自分の耳を疑い、ショックを受け、取り乱すでしょう。いつの日か彼がもっと大人になって、あなたがどんなに神秘的で魅力ある〈イイ女〉かということに気がつき、あなたと人生をともにしたいと言ってくるのを待っていたのですから。

重要なのは、あなたと彼はもうとっくに、神秘的とか魅力的とかいう段階を過ぎてしまっているということ。彼はあなたの嫌な面を知りすぎてしまいました。あなたが誰かにひどい意地悪をしたことも、元彼にストーカーまがいの行動をとっていたことも、甘いお菓子をひと箱まるごと一気食いしたことも、化学の成績がCだったことも、徹夜でどんちゃん騒ぎをした翌朝のあなたの顔がどんなかも、彼は知っているのです。

つまり、率直に言って、あなたと彼はもうとっくに終わっていたのです。

〈つるむ〉ことの欠点はここにあるのです。時の流れとともに、たがいの関係は色あせていきます。二十三歳を過ぎる頃からそれは始まります。大人になるにつれ、気ままにくっついたり離れたりする関係ではなく、使い古された言葉ですが、誰もが〈真実の愛〉を求めるようになります。この先何十年も、男から男へと渡り歩くような人生を送りたくない。何も残らないような、むなしい関係はもういいと思うようになるのです。

深い愛情をはぐくんでいけるような、本当にわかり合える相手を見つけたい。知的にも情熱的にも刺激を与えてくれ、いつの日か、結婚して家庭をもてるような人に出会いたい、と。

どっちもどっち

昔ながらのつき合い方と、〈つるむ〉つき合い方には、共通の欠点があります。どちらも選択肢がせばまってしまうのです。昔ながらのつき合い方では、おたがいをよく知るためには、一対一で出かけることぐらいしか方法がありません。自分をなるべくよく見せるためにおめかしをし、たがいに感じよく冗談を言い合う。自分が楽しくて魅力ある人間だとアピールできるようなちょっとしたエピソードを披露する——まじめな話、これでどれだけ相手のことがわかるというのでしょう？

こうした典型的なデートには、親密になるにつれ、暗黙のプレッシャーがつきまといます。結局のところ、そのためのデートなのですから。三回、多くても五回目のデートまでに、あなたは彼と寝るか、もう会わないか、どちらかに決めなければなりません。でも、相手をよく知るためにもう少し時間がほしいと思ったら？　彼をもっと深く知りたい、あるいは彼の友人や家族について知りたいと思ったら？　重圧にさらされたときに彼がどんな行動をとるか、何かがうまくいかなかったときの態度はどうか、見てみたいと思ったら？

多くの場合、あなたは彼と寝るほうを選ぶしかなく、そして彼とつき合っているあいだは、ほかの男性と会うことができません。その結果、運悪く彼が自分とは全然合わない人間だとわかれば……二カ月後には、また別の相手と一からデートするはめになるのです。

いいかげん、この堂々めぐりから脱しましょう。プレッシャーがありすぎるし、女性が持つミステリアスな部分がだいなしになります。考えてみてください。デートしているあなたは、相手の男性からみれば、婚活マーケットに参加しているわけです。

彼は、自分があなたの恋人／夫候補として見られていることをわかっています。そして、あなた自身もまた彼から見られています。この女性は自分の妻としてふさわしいか？　彼女どまりか？　もしくはひと晩寝たいだけの相手だろうか？　と。

わたしたちが最初のデートで多くの個人情報をさらけ出してしまいがちなのも、たがいにこのような思惑があるからかもしれません。わたしたちは先を争うように、手持ちのカードを相手に見せてしまいます。過去のあやまち、夢や希望や願望、子ども時代のトラウマ、そのほか自分を楽しく魅力的に見せるようなエピソードの数々。それをさっき初めて会ったばかりの人間にあらいざらい話してしまうのです。

一方でつるむつき合い方も、得策とは言えません。仲のよすぎるきょうだいのような関係は、たがいのミステリアスな部分をだいなしにしてしまいます。仲間内の男性とセックスをしても、なんとなく妙な違和感を覚えるはず。それに、つるんでいる状況そのものが――誰かの家や寮の部屋や安アパートの一室にたむろして過ごすこと自体が〈未熟な関係〉という感じがします。

安全で責任の伴わない環境で大人っぽいことをしてみたいというのが、あなたの当面の望みかもしれません。でも、それによって仲間内の男性があなたの真実の愛もしくは長つづきする相手になる可能性はなくなってしまうでしょう。なぜなら、未熟な関係は、どこまでいっても未熟な関係でしかないからです。もちろん、最良の一歩を踏み出す役にもたちません。そこには〈技巧《アート》〉がないからです。ここで、フランス女性の知恵が登場します。

ホームパーティのすすめ

フランス人も仲のいい友人同士が集まり、みんなで過ごします。でも、スウェット姿で寮の誰かの部屋に入りびたり、一日じゅうピザを食べたり日本のアニメを見て過ごすという習慣はありません。それが自分の魅力やミステリアスな部分を引き立てるものではないと知っているからです。アメリカに住んだことのあるフランス女性は、こう言います。

「アメリカ人のデートっていったい何なの？　採用面接みたいじゃない！」

水曜日、アメリカ女性が週末にデートのお誘いがくるかじりじりするのを尻目に、フランス女性は電話で金曜日のホームパーティの相談を始めます。鶏肉の赤ワイン煮《コックオヴァン》にする？　それとも鴨肉がいいかしら？

ちょっとした口実

ホームパーティは、男性と親密な関係になる前に相手をよく知っておきたいという女性には、絶好の〈口実〉となります。自分の知性や料理の腕前、そして楽しい会話で場を盛り上げる、おもてなし術を披露することができるからです。あるいは、感じのいいドレスに身を包み、ミステリアスな微笑みを浮かべるだけ、という手もあります。これも悪くないテクニックです。

フランス人は何でもない会話から、夕食会の計画を始めます。たとえばマリー＝ジョエルが、カフェで妹のシルヴィとおしゃべりをしています。リヨンにいる知り合いの男性が今パリに来ているの。大学教授で、最近離婚したばかり。とってもチャーミングな人よ。金曜日の夕食会に彼を招待してはどうかしら？　わたしたちのグループに加えちゃいましょうよ。そこへマリー＝ジョエルの夫ジャン＝フランソワが電話をかけてきて、同僚をよんでもいい？　とききます。もちろん、人数が多いほうが楽しいわ。

夕食会には、リヨンから来たお客様はもちろん、友人や同僚が集まってきます。

パーティに参加する誰もがプレゼンテーション感覚をもってやってきます。いいえ、フランス女性は自分が最新のファッションを身につけていることを見せびらかすために、おしゃれをするのではありません。気のきいたコーディネートを考えるのは一種の礼儀なのです。フランス人にとって、見た目に好ましい装いをすることは、友人や家族、そして今日初めて知り合った相手に対しての、気遣いをしめすことになります。

夕食会は、形式ばったものとはかぎりません。何週間も前から、あるいは何日も前から計画されているわけでもありません。金曜日の午後になってから、その晩にパーティをひらくことを思いたつこともしばしば。友人たちに電話をかけて（メンバーは男女バランスよく）、料理を一品、またはワインを一本持ってきてくれるよう頼みます。招待は電子メールですませ、サラダとパスタだけ用意して、近所のパン屋でデザートを買ってきて、パーティにしちゃうことだってあります。その場で思いついたパーティは、主催者側にもプレッシャーがかからず、気まぐれな、肩ひじの張らない雰囲気で始まるので、そのぶん楽しむことができるし、料理もおいしく感じられるのです。

即席パーティだけでなく、事前に連絡もせずに突然知人の家を訪ねることだってあります。アメリカ人にとっては驚くべき、そして多少失礼な行動に見えるでしょう。

でもフランスでは――とくに郊外や田舎では、こうしたアポなし訪問は珍しいことではなく、多くの場合、その訪問がちょっとしたお茶会に発展し、夕食に突入します。豪華なディナーにご招待という意味ではなく、ごくシンプルな料理で相手をあたたかく歓迎し、ともに楽しむのです。

シャンパンで始めましょう

もう少しフォーマルな、前もって計画した夕食会では、まずシャンパンから始めます。多くのパーティでは、最初の一時間はシャンパンしか出てきません。オードブルすらないこともあります。チーズとクラッカーが盛られた大皿なども、もちろんありません。

パリ在住のアメリカ人であるナンシーは、自宅でよくホームパーティをひらくそうです。結婚して子どもが二人、キャリアウーマンでもある彼女は、ものすごく多忙。でも自分の同僚や、夫のビジネス・パートナーたちをしょっちゅう自宅に招いています。彼女は、細かいところにちょっと気をつけるだけで、パーティを成功させることができると言います。

ナンシーいわく、花を飾ること。花はシックなもの。安っぽいのはダメ。オードブルはナシ……粋じゃないし、食事前にお客様がおなかいっぱいになっちゃうでしょ。前菜はスープ類をエレガントに出すの。手づくりで……見せ方が大事なの。メインは、上品なシチューとか煮こみ料理。つくりおきができるから。つけ合わせはお米がいいわね。

デザートはフォンダン・ショコラ。カンタンにできて安上がり、でもいつも絶賛の的よ。生のラズベリーと、高級なラズベリー・ソルベを添えて、フォンダンには粉砂糖を振りかけるの。コーヒーや食後の飲み物、リキュールなんかは、ダイニングのテーブルじゃなくて、リビングでお出ししたほうがいいわね。

大切なのは、当日のペースと時間配分……お客様をいちいち待たさないように、事前にできることはすべてやっておくこと。テーブルセッティングは前日の夜にすませるとか。席はだいたい決めておいたほうがいいわ。カップルは絶対に隣同士や近い席にしないこと。盛り上げたかったら、メインが終わったあと、男性たちにグラスを持ってふたつ横にずれてもらうの。パーティに新たな活気が生まれるわ。ホスト役の夫婦が、ウェルカムな雰囲気を出すことがとても大事。目をくばって、それぞれのゲストが全員と会話するようにしてね。男性はもてなし上手な女には弱いものなの。

彼女のフランス的なエレガンスとアメリカ的な〈やればできる〉という取り組み方、素晴らしいと思いませんか？　しかもお役立ちなアイデアばかりです。手づくりのスープは手間もお金もかからないものかもしれません。でもそのスープを代々家に伝わる高級なスープ皿に入れ、上質なカトラリーとともに供するとしたら？　フランス女性は、高級食器類を、特別なときのためにしまいこんだりしません。彼女にとっては日常そのものが華やかで、毎日の食事を楽しむことが重要なのです。そこに素晴らしい友人たちや家族、和気あいあいとした会話があることは言うまでもありません。

しかもそれはセクシーなんです

ホームパーティを活気のある、セクシーで魅力的なものにする秘訣は、ペース配分を怠らないこと。ゲストが到着する前に、できる準備はすべてやっておきましょう。人に任せられることはどんどんお願いしてしまいましょう。フランス人がひらくホームパーティの多くは、いわゆる〝持ち寄り〟スタイルです。友人がそれぞれとっておきのひと皿を持ち寄って、おたがいに自慢し合うのです。たがいの料理の腕前を見せびらかし、競い合うことで、場が盛り上がります。

席次カードなどを用意する必要はありません。誰と誰が隣同士だとうまくいくか、ざっと心づもりをしておいて、ゲストをさりげなく案内しましょう。こうすれば、テーブルの向こうとこっちで男女に分かれてしまったなどという失敗は避けられます。フランス女性は、男女が分かれて座ることがないよう細心の注意を払います。

忘れてはいけないのが、パーティとは官能的なもの——味覚、触覚、聴覚、視覚、嗅覚の五感すべてを使うものだという意識です。食べ物の匂いをかぎ、味わうのはもちろん、そこには音楽が流れ、ろうそくの光がともり、花の香りが漂っています。テーブルの下で偶然膝が触れ合ったりします。カジュアルなのにエレガントな雰囲気の中、会話がはずんでいるのです。

フランス人は細かい点にまで芸術的な美や官能を求めます。ことに食べる楽しみや、その日あったことを思い思いに語り合う楽しみのためには、官能や美は欠かせません。

散歩に出かけましょう

フランス人はいわゆるデートというものはあまりしません。仲間で集まるか、夕食会をひらきます。一対一で会う場合は、散歩に出かけることが多いようです。散歩は健康にいいし、景色が変わるので退屈しません。何より採用面接のようなアメリカン・デートがくだらないものに思えてくるから不思議です。お金を使う必要もないし、タイムリミットもなく、誰も見返りを求めてきません。女性にとっては、自分の思いは内に秘めたまま、彼の気を引き、ミステリアスな存在のままでいられる、絶好の方法でもあります。

公の場を歩いているというのも、女性にとっては大きな利点です。これも、彼女が堂々としていられる秘訣と言えます。薄暗いレストランで、二時間半ものあいだ、彼に独り占めされている状態とは大違い。彼は、彼女がとびきりのおしゃれをして、公園を歩く姿を見ることになります。彼女がほかの男性から注目されていることにも気がつくでしょう。俄然、彼は競争心をかきたてられます。ともに歩くことは、タイムリミットのプレッシャーを感じることなく相手のことがよくわかる、素晴らしい方法です。歩いたり、自転車に乗ったりすれば、恋愛感情などない、ただの友達だというふりだってできます。何度も散歩して友情をはぐくみ、やがて心の準備ができたときに、初めてそれを別の感情に発展させればいいのですから。

事実、愛とはあなたが日常の生活を送っているさなかに起きるものです。誰かをもてなしたり笑ったり、長めのランチのあとに職場に戻る途中などに。愛は、店で夕食用のチーズを買っているときにやってくるのです。

愛は、かつての同級生相手にジャーナリズムについて一席ぶっている夫の目を、テーブル越しにのぞきこんだときに見つかるものです。

愛とは、あなたが直前になって招待した同僚とあなたの親友とが、目配せし合っているのを見ることです。そうして、愛はあなたのまわりに、ゆっくりと織りあげられていくでしょう。

パーティがおひらきになり、あなたがおやすみなさいと言ってドアを閉めた瞬間にもそれは起こっています。理想の男性を見つけるという意味では、今夜は何ひとつ達成できなかったと、あなたは思っているかもしれません。

でも、愛とは取引をまとめることとは違います。誰かの電話番号をゲットしたり、デートに誘われたりすることでもありません。今夜のあなたは、それ以上のものを得たのです。古い友情をあたため、新しい友情をスタートさせ、友人や家族のために食事を用意しました。あなたは彼らに、忘れがたい、楽しいひとときをプレゼントしました。そうすることで、新たな愛へとつづく種をまいたのです。

今度男性からデートに誘われたら、ぜひ仲間をまじえたホームパーティに彼を招待してみてください。色々なタイプの友人を招待し、彼の知り合いの男性が少なくとも一人は含まれるようにしましょう。ゲスト選びは大胆に、斬新に。変わりばえのしない、いつものメンバーをよんではいけません。当日、彼は、友人や家族、仲間たちに囲まれているあなたを見ることになるでしょう。あなたが上手にピアノを弾く姿を発見するかもしれません。

こうしてあなたは、あなたにとってすこぶる自然な状況で、自分がどんなに素晴らしい女性かを彼に〝見せる〟ことができます。一対一のデートで過ごす二時間、レストランで自分について〝話す〟より、これはずっと効果的です。そして、パーティのあと、ふたたびデートに誘われたら（きっと誘われるでしょう）、ミステリアスな女らしく、午後の散歩に行きましょうと答えるのです！

第2章

出会いって、すごくカンタン！

蝶の話題はタダ

出会いの場はどこにあるのかきいてみると、フランス女性は笑ってただひと言、こう答えるでしょう。

「どこにでも！」

大学でも、友人と立ち寄ったバーでも、地下鉄やマーケット、カフェでも。本を読んでいても、パーティに参加していても、職場にいても、どこにだって出会いはあります。いつ、どんな出会いがあるかわからないから、外出するときはいつだっておしゃれをします。

彼女は体型にぴたりと合った細身のデニムとブーツに、おしゃれなジャケット、ヴィンテージもののショルダーバッグといういでたちで出かけます。

たとえば蝶の生態について書かれた本を抱えて、近所のカフェに入ります。蝶に興味があるのは本当だけれど、家で本を読んでいるだけでは何も起こらないし、誰とも出会えません。

カフェで本を読んでいると、一人の男性が話しかけてきます。

「何の本を読んでいるのですか？　蝶？」

彼女は蝶について学んだことを彼に話します。ほとんどの蝶は、さなぎから蝶になったあと二週間ぐらいしか生きられないこと。その短いあいだに、交尾相手を見つけなくてはならないこと。

「そう、この本には写真もいっぱい載っているんですよ」彼女は男性に本をひらいて、宝石のように色とりどりの蝶々を見せます。

ウェイターが彼女のレモネードを運んできて、二人は一瞬沈黙します。蝶をきっかけに、彼女は男性と知り合うことができました。今夜、彼女の仲間が集まるいつものバーに、彼を誘うことになるかもしれません。それとも、彼とはこの短い会話だけでもういいわ、と思うかもしれません。彼と一緒に蝶の写真を見ているあいだにも、彼女は別の男性の目が自分を追っていることに気づいています。このように注目されることで、フランス女性は自分の価値を高め、大きな自信をもつことができるのです。そして自分への自信こそが、フランス女性のパワーの源なのです。

フランス女性は、ひと目で恋に落ちるなどということはあり得ないと思っているし、期待もしていません。でも、その可能性がゼロではないことも知っています。

「ひと目ぼれなんてめったにあるものじゃないわ。まずは出会いがあって、そこから友達になるの。特別な感情が芽生えるとしたらそのあとよね」
出会う男性は誰もが、未来の恋人や、ただの友達や、それとも単に彼女をちやほやしてくれる人になる可能性があります。ただ、それだけのこと。自然になるようにしかならない。なかにはこんなシニカルなフランス女性もいます。

男が、出会って間もないのに愛してると言ってきたら、それは嘘よ。いい男はすぐにそんなことは言わない。出会って一カ月しかたっていない相手を愛しているとか、その人と人生をともにして家庭をつくりたいなんて、あり得ない。ひと目ぼれなんてこの世に存在しないわ。

フランス流 男心をつかむファッション

フランス女性に恋人とどうやって出会ったかをきくと、一瞬ぽかんとして、困惑の表情を浮かべるでしょう。〈どうやって〉出会ったかって、どういう意味？ つまりそれだけ、男性との出会いは日常の当たり前の出来事なのです。出会いのために努力しているという感覚すらないでしょう。彼女はただ、毎日を自分らしく生きているだけなのですから。

でも、自分に自信をもたせてくれる素敵な服を着ることと、良質のランジェリーを身につけることだけは欠かしません。特別な日でなくても、自分のために上等のランジェリーをつけます。ファッションを、一種の芸術的な美だと考えているからです。フランス女性は自分らしい服の組み合わせを考えるのが大好き。小さい頃から自然に身についたファッションへの情熱は、年を重ねても変わることはありません。

アメリカ在住のある若いフランス女性は、フランスの服はよりフェミニンで、求めやすい価格帯のものにもスタイルが感じられると言います。フランスで買い物をするほうが自分のスタイルを見つけやすいのだけど、今はアメリカにいるから、服探しが結構大変とのこと。

フランスには、昔から蚤の市や古着屋さんで服を買う習慣があります。環境にやさしい買い物ですよね。ある女性にとっては大失敗だった服が、別の女性を思いっきり引き立ててくれるなんて、しょっちゅうですから。

一定の予算内で芸術的に美しいおしゃれをするのは、アメリカではちょっとむずかしいかもしれません。でも工夫しようという気持ちがあれば、不可能ではありません。

女は忙しい

アメリカ人の生活は本当に忙しく、やらなければならないことが山ほどあります。キャリア、家族、家のこと。ジムに行くこと。友人と会う約束も。読書やヨガなど趣味のサークル活動や、こまごまとした雑用。メールの返事を打ったり、プレゼントを用意したり、買い物に行ったりもしなくちゃいけない。

そんな中、わたしたちはふと思うのです。恋人がほしい、と。または、恋人や夫との関係をよりロマンティックでセクシーなものにしたい、と。でも、そのために何かをする時間がない。

わたしたちは、ロマンスや愛、男性に出会うことを、一種の特別な仕事や任務のようにとらえがちです。運動しなくちゃと言って、毎日の生活の中で自然に体を動かすよう心がけるのではなく、週三回のジム通いを始めるのに似ています。

それにくらべ、フランス女性はすべてを毎日の生活に取り入れてしまいます。どこに行くにも歩くか自転車を使い、買ったものは自分で持つようにすれば、それだけでいい運動になり、ジムに行くためだけにわざわざ時間をとられなくてすみます。それにジムってあまり面白そうじゃないわ、というのが多くのフランス女性の感想です。

愛についても同じことが言えます。愛を探し求めるのだって、毎日の生活の中で楽しみながら、自然にやるものなのです。「やるか、やらないか」という極端な、身構えたものではないのです。

愛のネットオークション

男性との出会い、人づき合いをよくすること、そして毎日の生活に楽しみを見出すこと。これらが自分の中でひとつにまとまってくるまでは、フラストレーションやイライラを感じることもあるでしょう。仲間をつくり恋人を見つけることが、本当に大変なことに思えてくるに違いありません。一人寝は寂しい、だけど愛を探し求めるためにに生活のすべてがストップしてしまうのもイヤ。それでもなお、愛を求めて、インターネットやオンラインのお見合いサービスに登録する人がたくさんいます。恋愛や男性との出会いを、まるで何かの雑用か、仕事か、ちょっとした副業のように扱ってしまうのです。

インターネットを通じて、恋人やボーイフレンド、もしくは未来の夫を探す〈ショッピング〉に出かける。自分のプロフィールを掲示して、お誘いがくるのを待つ。そして確かにお誘いはくるのです。本当にこれは、愛のネットオークションのよう。ただしこの未来の恋人に対して、ケイト・モスで有名になったフェイクの豹柄コート以上の詳しい推薦コメントを書いてくれる人はいません。

だいたい十年前に撮ったみたいな、あの顔写真はどう？　あと最近わかったのは、他人のプロフィールを掲示しちゃう男までいるらしい。つまり、今見ているプロフィールとはまったくの別人てこと。だからなのか、実際に会おうとすると、連絡がとれなかったり、会えたとしてもうまくいかないことが多いようです。最悪の場合、しつこくプロポーズしてくるメールから逃れるために、アドレスを変更しなければならないことだってあります。

インターネットのお見合いサービスを利用しているフランス女性もいるにはいますが、アメリカほど一般的ではありません。フランス女性は自分の生活について、わたしたちのように分析して説明したりしないからです。彼女たちにとっては、日々のすべての瞬間、そしてすべての出来事が、人生の官能的な喜びを感じるチャンスなのです。本当のカギはそのあたりにあります。「スイッチをオンにして活動を始める」とか「スイッチをオフにして活動をやめる」という感覚がないのです。なぜなら、人生のすべてがロマンティックで官能的で、喜びに満ちたものだから。日常の中に誘惑がひそんでいることだって珍しくはないのですから。

どうやってパートナーと出会うか？

フランスは狭い国です。国土の狭さと、人々に広く浸透している高等教育への傾倒ぶりを考え合わせると、多くのフランス人が学生時代に将来のパートナーに出会っているというのもうなずけます。子どもの頃から知っている相手と結婚するケースも珍しくありません。おたがいの家族が何世代も前からの知り合いだということもよくあります。特定の社会階層では、同じような階層の男女を引き合わせるためのパーティがひらかれることだってあります。

もちろん、すべてのフランス人がパートナーとそのようにして知り合っているわけではありません。でも、家族や友人、あるいは共通の価値観を通じて知り合うこのやり方は、社会構造の重要な一部になっているのです。これらのルートで出会いがなければ、仕事を通じて知り合うこともあるでしょう。そう、フランスでは職場恋愛も多く、しかもアメリカのように眉をひそめる人もあまりいません。それどころか、アメリカ人がセクハラに敏感なのを面白がっているふしさえあります。

あるフランス人男性から聞いた話ですが、アメリカに転勤になったとき、アメリカでは女性とエレベーターで二人きりになっちゃダメだよ、セクハラで訴えられるからね、と友人連中にからかい半分の忠告をされたとか。彼は誤解を与えないよう細心の注意を払い、職場で同僚女性に軽口をたたいたりしないのはもちろん、たとえほめ言葉であっても個人的なことには触れないよう気を遣ったと言っていました。

スイッチオン／オフをやめる

アメリカ人男性は、職場での女性との接し方にとても神経質です。人事部ににらまれるようなことは絶対避けたいので、男と女は違うものだという事実を徹底的に無視しようとします。職場では性別や性差という考え方を頭の隅に追いやり、女性を男性とまったく同じように扱おうと必死です。

アメリカ人女性にとっても、男女平等という法律はありがたいものです。男性と同じ仕事をしていれば同じ給料を払ってもらいたいし、プロとして、その能力を正当に評価してほしい。

でもその反面、自分たちの最も重要な部分——わたしたちは女性であり、男性とは違うということが、ないがしろにされているという矛盾した感覚もあるのです。

アメリカ人女性は仕事で認められようと努力を重ね、また認められるためには中性的な服装をすべきだと教えられてきました。というわけで、わたしたちが職場に着ていくのはパンツスーツなど、基本的に男性っぽいファッションです。そして夜、アメリカン・デートに出かけるときになってその反動が出てしまう。職場で女性らしさを押し殺しているぶん、デートには胸の大きくあいた超ミニのカクテルドレスに十五センチのハイヒール、なんてことをやってしまうのです。

スイッチオンか／オフか、極端に走ってしまう。

これでは自分のためになりません。

女であることを忘れない

フランス女性は、自分が女であるということをどんなときも忘れません。パリ五区の自宅近くを散歩しているときも、職場でミーティングをしているときも、自分が女性だという感覚はずっともっています。ピンクの花柄やフリル、レース、リボンなどから連想されるような女性らしさという意味ではなく、〝女である〟本質をちゃんとわかっているという意味においてです。

ビジネスに適したベーシックな服装にアクセサリーをひとつだけつけて、主張しすぎない範囲で女性らしさを表現します。おしゃれなブローチをつけたり、男っぽいジャケットにセクシーなスカートを組み合わせてみる、スリムなパンツにハイヒールを履くなど、ほんの少し色っぽさを毎日のビジネス・ファッションに取り入れ、融合させるのです。

フランス女性は、オンか／オフか、白か黒か、という考え方はしません。「わたしはガチガチのビジネスウーマンよ！」でもなければ、「色気ムンムンのセクシーガールなの！」でもないのです。

だからといって、男性の女性に対する失礼なふるまいや、どう見ても不適切な言動が許されると言っているのではありません。職場での罪のない軽口や冗談はけっして悪いものではなく、会社生活をより風通しがよく、魅力的なものにしてくれるということを言いたいのです。

よく考えてみたら、職場でのあなたは、自分のいちばんいい面が出ているのではありませんか？　服装だってきちんとしているし、人からは能力のある、成熟した、しっかりした人間だと思われているのでは？　仕事関係で会う男性たちはどうでしょう？

仕事関係の男性からは、その人の本当の姿を観察することができます。上司や同僚との接し方。ストレスにはどうやって対処しているか。彼とはデートする関係ではありませんから、じっくり時間をかけてどんな人間かを見きわめ、先に進みたいかどうか決めればいいのです。さらに、職場という禁断の場所での恋愛や、それを秘密にしておかなくてはならないというシチュエーションが、ロマンスの炎をいっそう燃え上がらせてくれます。

ちょっぴりセクシーな格好で出勤したからといって非難されることはありません。フランスのテレビのニュースキャスター、クレール・シャザルは、毎晩八時のニュース番組に胸の谷間がはっきりと見える服装で出ています。「彼女は女性だ。女性だからバストがある。それを強調して何が悪い?」フランスでは、女性のニュースキャスターはみな多かれ少なかれ胸の谷間を見せていますが、とやかく言う人は誰もいません。

相手は審査済み

結束のかたい社会構造の中にいると、男性との出会いが減ってしまうのではと思う人もいるかもしれません。しかし実際には、これは非常に便利なシステムです。家族やコミュニティや学校などがたがいに結びついているおかげで、スクリーニングというか、いわばオーディションのような役割を果たしてくれるからです。

フランス女性が従姉妹のホームパーティで出会う男性は、すでに周囲が審査済みなのです。つまり彼は従姉妹の知り合いで、彼女の弟の同僚か、テニスクラブの仲間でもあるというわけです。彼は彼女の複数の知り合いとつながっているので、完全な部外者、素性の知れない人ではありません。みんなから知られているのです。自分の周囲の人間から知られているということを、フランス人はとても大切にしています。

フランスを訪問した際、わたしは仲よしのマーギーと会いました。彼女はフランス北部在住のアメリカ人で、アメリカ流の習慣をあまり変えていません。たとえば肉を買うのも、地元の肉屋ではなく、スーパーに行きます。

ある日、彼女の不在中に、小包が届きました。郵便配達員は近くにある村の肉屋に行き、小包を預かってもらえないかと言いました。夕方になれば彼女はここに買い物に来るだろうから、そのとき渡してもらえばいいと思ったのです。でも、肉屋はマーギーなんていう人は知らないと答えました。配達員はビックリ。数軒先に住む女性を知らないなんてあり得ない！　ここに買い物に来ているだろうに！

数日後、マーギーはめでたく小包を受け取ることができました。受け取りのサインをしているあいだ、配達員が数日前の出来事を話してくれました。マーギーは、わたしはあそこで買い物をしてないのよ、とだけ言いました。スーパーに行くほうが気楽だから、とは言わずに。

配達員は首を振り振りこう言いました。「でもマダム、肉屋はあなたを〝知らない〟と言ったんですよ！」肉屋が近所の女性を知らなかったことが、彼にはよほどショックだったのでしょう。「彼があなたを知らないなんて！」と、何度も繰り返していたそうです。

週末には気合を入れる

愛を見つけ、その愛情を保つためには、コミュニティや家族、友人の力が欠かせません。フランス女性が、わたしたちがするようなガールズパーティ（女子会）をめったにしない理由がここにあります。「何のために？」と彼女たちは言うでしょう。「女だけで集まって、何が楽しいの？」と。

フランス女性にとっては、友人たちや仲間と一緒にバーやカフェに行ったり、ホームパーティに参加することは、すべてロマンスや出会い、誘惑につながるチャンスであるべきなのです。

フランスでは男女がおたがいを尊敬し、称賛しています。ある女性が言うように、「ここでは、男女のあいだに対立関係はない」のです。彼女はこうも言っています。アメリカは女性解放運動によって男女のあいだに亀裂ができてしまい、どちらが料理をするとか掃除をするという議論になってしまったと。アメリカに数年間住んだことがあるというフランス人男性が言うには、渡米した当初、彼はビジネスウーマンがとても男らしく見えることに非常に困惑したそうです。

女性らしいということは、フランスでは素晴らしいことだとみなされます。禁句でも何でもありません。女性たちはみなランジェリーと香水を身につけ、肌にはクリームを塗り、ナチュラルメイクをしています。服も、胸や脚やウエストのくびれを強調したものを選びます。時には男っぽいファッションに挑戦し、新聞配達の少年のようなキャップをかぶって編み上げブーツを履いたり、だぶだぶのツイードジャケットを着てみたり。こうした遊び心のあるおしゃれが、かえってその人の女性らしさを際立たせます。

そういうわけで、フランス人の男女がグループで集まる場所には、何かを期待するという刺激的なムードに満ちています。ホームパーティでは、夫婦が隣同士の席になることはめったにありません。男はテレビのまわりに集まってサッカー観戦、女はキッチンにかたまって子どもの話題や噂話、という構図も皆無。パーティでは年齢や性別、既婚、未婚に関係なく、みんなと交流します。

こうして交流を広げることで、友人たちや家族に囲まれた環境のもとで、自分を〈見せびらかす〉相手を増やしていくことができるのです。フランス人は、誰もが自分のことを誇示します。これはもう国民的な趣味といってもいいほどです。特に都市部では、通りを歩けば男も女もおしゃれをして、自分を見せびらかしながら闊歩する姿が見られます。

パリ在住のアメリカ人ナンシーは、最初はこれに困惑したと言います。

「女性が、平日よりも、週末に子どもを公園に連れて行くときのほうがおしゃれしているのが理解できなかったわ。公園に行くのにどうしてスカートにハイヒールなの？って」

アメリカ人は週末にはドレスダウンして、カジュアルな服装になる人が多いのですが、フランス人は違います。週末には特に気合を入れておしゃれをします。夫やパートナーや恋人が家にいるし、外は休日を楽しむ男女であふれているのですから。ジムに行くような格好をして週末を過ごすなんて（これがフランス人には我慢ならないことらしい）、もってのほかです。

魅せることへの情熱

フランス流の生活スタイルやファッション、外見にかける情熱にはついていけないと思う人もいるでしょう。わたしたちはフランスと違い広大な国に住んでいて、それほど結束のかたいコミュニティに属してもいません。パーティに参加したり、カフェで男性とおしゃべりしたり、たがいをじっくり観察するような時間もありません。ほかにするべきことがたくさんあるからです。でも、ちょっと立ち止まって考えてみてください。それで相手が見つかるでしょうか？　インターネットのお見合いサービスを利用しますか？　まわりじゅうの友人に紹介を頼みましょうか？　独身男女が集まるイベントに参加しますか？　それはそれで手間がかかるし、正直言ってそんなに楽しいものでもないでしょう。なにより、あまり自然な出会い方とは言えません。

あなたが結婚している、あるいはパートナーと一緒に住んでいるのだったら、彼の目をもっと自分に引きつけたいと思うでしょう。それには、あなたがスタイリッシュでおしゃれで、ほかの男たちからも注目されるようなイイ女だということを見せるのがいちばんです。老若男女が集まる場所に顔を出せば、その効果はいっそう上がります。

愛やロマンスや美を、毎日の生活に取り入れましょう。オンか／オフか、白か黒か決めようとするのはやめましょう。デート用の服装かジム用の服装か、外出着か室内着か、極端に走る必要はありません。これは食生活についても言えます。カロリーたっぷりの食事を大量に食べたかと思うと、そんな自分がいやになって突然絶食する。何事もやりすぎてしまうのです。愛についてもそう。自分には色気がないと落ちこみ、どんどん不安になり、自信を失い、気がつくとどうでもいい男と寝ていたりするのです。

小道具としての本

わたしたちも、フランス女性のようなやり方で男性と出会うことができます。この週末、おしゃれをして、本を一冊抱えて出かけてみてください。自分が本当に興味のある内容の本、あなたの人となりが伝わるような本を選びましょう。そして近所のカフェに入ってください。至るところにスターバックスがある今、できないとは言わせませんよ。

好きな飲み物を頼んで、あとはふつうに、自分らしく過ごせばいいのです。あなたに話しかけてくる男性はいないかもしれません。でも、まだ始まったばかりです。それに、おしゃれをして外に出かけることで、あなたには少し自信がついたはず。

つぎは、今までよりちょっぴり（このちょっぴりというのがコツ！）セクシーな服装で出勤してみます。上質なランジェリーをつけましょう。ランジェリーを変えたことは誰にも見えないけれど、あなた自身の気持ちがまったく違っているはずです。

そして、あなたのまわりの友人や知人の顔を思い浮かべてください。ホームパーティができそうですか？　堅苦しいものではなく、ただおたがいの存在感を見せ合う場をつくるためのものです。これは新しい出会いへの最初のステップ。ずっと身近にいた男性が実はとても素敵だということに気がつくチャンスかもしれません。

日常生活の中で、男性と出会う機会をつくるようにしましょう。

友人や知人を見まわしてみてください。もっとよく知りたいと思う男性はいますか？　もしいたら、小ぢんまりとしたホームパーティをひらいて、グループで会えるような状況をつくりましょう。職場では、自分は女であるということを忘れずに。服装にも女性らしさを取り入れ、仕事はきちんとしつつも、あまり構えずに感じよくふるまうようにします。同僚をランチに誘うのもいいですね。

あなたがまだ若ければ（そんなに若くなくても）、あとには引き返せないような状況はつくらないように。恋人との別れはきっぱりと、でも失礼のないように。初恋の人を完全に断ち切れないのなら、連絡をとり合うぐらいはかまいません。もう少し年齢の高いあなただったら、昔の恋人に連絡してみましょう。目をしっかりと見ひらいて、出会う男すべてをしっかり観察しましょう。どの男も未来の恋人になる可能性を秘めているか、そうでなくてもあなたの魅力と自信を高める手助けをしてくれるに違いありません！

第3章

フランス女性は出会う人すべてを〈誘惑〉する

誘惑のスキル

フランス人にとっての〈誘惑〉という言葉は、誰かをベッドに誘うことだけを意味するのではありません。いいえ、それどころか誘惑的、魅惑的であることは、世間と折り合いながら、上手に生きていく知恵のひとつなのです。魅惑的であるためには、知性、ウィット、そして相当チャーミングであることが必要とされます。

あるフランス人男性は、それをつぎのように表現しています。

誘惑とは、最終的に誰かをベッドに引っぱりこむことじゃない（そういう場合もあるけど……）。うまく言えないけど、誘惑というより〝魅惑〟と言ったほうが、フランス人の感覚に近いかもしれない。

誘惑とは、誰かに自分や自分の考えを好きになってもらうことなんだ。カサノヴァや教祖や外交官、それにセールスマンなんかにはぜひとも必要なスキルだと言える。

つまりこれは、国境を越えて必要とされるスキルなのです。

誘惑は、フランス女性が男性と愛し合うために使う手段でもありますが、同時に人生をうまくわたっていくためのスキルでもあります。市場でいちばん新鮮なポロねぎを手に入れ、駐車料金を負けてもらい（フランスではこれが可能なのです）、追加料金なしでメガネの修理をしてもらう。そのために彼女たちは自分のチャーミングな魅力をふりまくのです。

フランスは小さな国で、人々は複雑な社会構造の中、結束のかたいコミュニティに属して暮らしています。こみいった官僚制度も至るところにあります。さまざまなことが、アメリカのようにスピーディで簡単に進まないことが多い。このためフランス女性は、目的を達成するためには慎重であると同時にチャーミングでなければならないことを、小さい頃から学びます。

相手がパン屋の店主だろうと、近所のカフェのウェイターだろうと、ヨガのインストラクターだろうと、気軽におしゃべりをし、魅力的にふるまいます。ワイン一本買うのにも、大型スーパーに入ってひと言も発しないまま買い物をすませるようなことはしません。長年つき合いがある近所のワインショップに行き、オーナーと最近のボルドーの出来についておしゃべりしながらワインを選ぶのです。「みんなが言っているほどいいワインなの？」それからオーナーの子どもたちの話題を持ち出します。「べルナールはバカロレアに向けてがんばっているのかしら?」

チャーミングでいるためには高度なスキルを要します。それは世渡りに役立つばかりでなく、彼女の恋愛関係にも必要不可欠です。どんなふうにって?

ミレイユ・ジュリアーノの本『フランス女性は太らない』(原題 French Women Don't Get Fat)にも書いてあるように、フランス女性は喜びのために生きています。繰り返しになりますが、オンかオフか、イエスかノーか、という考え方をしません。食事ひとつにしても、ごちそうを大量に食べるか、絶食するか、というような極端なことはしないのです。

恋愛についても同じ、極端に走るのでなく、どんなときも少しだけセクシーに見えるように気をくばります。それは際立つほどのセクシーさではありませんが、つねに自分が女性であること、そして女性らしさには素晴らしいパワーがあることを知っているのです。彼女たちはいつも誘惑的であることを心がけ、それがあまりにも自然で控えめなので、相手も彼女の魅力にまいってしまったことに気がつかないほどです。

フランス人は、意味ありげに、あるいは意味なさげに、横目でチラッと視線を送るのが得意です。パリ五区に住むジュリーに〈魅惑する〉方法についてきくと、こんな答えが返ってきました。

目力をつかうのよ！　意味ありげなまなざし、これがわたしの秘密兵器。男を振り向かせるには、嫉妬させるのがいちばん。

そう、必要なのはまなざしだけ。あとは感じのいい言葉と微笑み、そしてちょっとしたクールさです。道をきくとか、小さなお願いごとをするのも誘惑的なふるまいになります。ペンを借りるとか、近くのレストランの名前や、おすすめのワインの銘柄をきいてもいいですね。すると、その意図には気づかないまま、男性は彼女に関心をもちます。このやり方だと男性は、自分が好かれているのか判断できなくて迷うのです。

フランス女性はつねに誘惑的なワザをくりだし、スキルを磨いているのです。

少しだけセクシーに

わたしたちアメリカ人からすれば、まじめな意図のないこのような誘惑は、相手を煙にまく、ずるいやり方のように思えるかもしれませんが、そんなことはありません。誰もがウィットに富んだ軽い会話が大好きなのですから。これだけで、誰もが少しだけセクシーな気分になることができます。それに、色々な人からちょっとずつモテれば、寂しさのあまりその場限りの関係に走って、あとで余計に寂しく、満たされない思いをすることだって避けられます。

あなたにも経験があるはず——真夜中に元彼にかけてしまった電話。彼に泊まりに行ってもいいかと言われ、ひと晩寝るだけの関係とわかっていてオーケーしてしまう。だってもう長いこと、誰からも女として見られていなかったんだもの。誰だってセクシーな気分になることぐらいあるわ……。

インスタントな恋愛

元彼との一夜を過ごしたあなたは、セクシーな気分になれたはず。ただし翌朝までの話ですが。朝がくれば、彼は相変わらず一緒には暮らせないタイプの男でした。下着は脱ぎ散らかしっぱなし、何度言っても便座を上げたままトイレから出てくる——

あなたは彼を部屋から追い出します。そしてもう二度とこんな馬鹿なまねはしないと心に誓い、不機嫌な一日が始まるのです。

コーヒーショップにいた男に八つ当たりし、エレベーターで乗り合わせた男をにらみつける。男っぽいビジネススーツで武装したあなたは職場にずかずかと入っていき、男なんて最低！と決めつけます。また真夜中に寂しさがわき起こってくるその日まで、こんなことがつづくのです。

こんな、オンか／オフか的な生活が楽しいはずがありません。もちろん、人生の喜びが得られることもありません。

本物の喜びを得るためには、ふさわしい相手に出会えるまでじっくりと時間をかけ、エレガントで巧みなきっかけをさりげなく創出することです。自分が選んだ相手とは、出会って数分後にだって、すぐに寝ることができるでしょう。でも、本当に価値のある出会いを待つほうがずっと楽しく、素晴らしいと思いませんか？

フランス女性はそれがわかっています。彼女たちは軽いおしゃべりで男性を魅了したかと思うとさっと引き、少し積極的になったかと思うとまた引く、を繰り返します。そしてそのあいだずっと、誘惑スキルを駆使してさまざまな刺激をふりまき策略をめぐらしています。これと思った男性に気をもたせ、彼の情熱が高まって期待感がふくらむのをじっと待ちます。何人もの男性が一人のフランス女性の手のひらの上で、じりじりとしている様子を想像してみてください。喜びに向かって気持ちを静かに高めていくことこそ、彼女たちの自信の源です。そして自信は、ほかの何よりも魅惑的です。

自信さえあれば、何から何まで言いなりになる必要もないし、一度にすべてをさらけ出す必要もありません。自分に自信のある女性はミステリアスなもの。男性にとって、ころりとまいってしまうほど魅力的な存在なのです。

知的すぎてはいけない

フランス女性のしゃべり方を見てみると、声は低くてソフト。わたしたちほどしょっちゅう笑ったりはせず、笑い声は控えめです。騒いだり、大声でしゃべったりすることもめったになく、酔っぱらうこともありません。何でも知っているふりもしません。男女の恋愛対決に疲れてしまったアメリカ人女性へ、フランス女性からのアドバイス。

知的すぎてもだめ。もっと自然に、もっと面白おかしく、リラックスして。知的な服装をしているからって、あなた自身まで知性で武装する必要はないわ！

自然にふるまうことには、大きな効果があります。わざとらしさがなく、計画的な感じもしない。この謎めいた巧妙さが何よりもエロティックに見えるのは、フランス女性がつねに多彩なシグナルを発しているからでしょう。イエスのシグナルを出したかと思えばノーと言う——ゲーム感覚でやっているわけではありません。自分の本当の気持ちがどうなのかを考えると、どっちなのかわからなくなってしまうってこと、あなたにもあるでしょう？　気は変わるもの。これは女性の特権です。

控えめに、そして魅惑的に

フランスの母親たちは、娘が言葉を話すようになると、控えめであると同時に魅惑的でチャーミングにふるまうよう教えます。このトレーニングは、娘が成長して、学校や職場など、世間の荒波をわたっていくのにとても役立ちます。そしてもちろん、夫やパートナーを見つけるのにも。

アメリカは広い国ですから、わたしたちは生まれ育った町で〈不愉快なこと〉があれば、どこか新しい土地に移って一からやり直すことができます。家族や親せきともそれほど親密なつき合いではないし、ご近所さんにいたっては何年も顔を合わせることなく過ごせてしまう。インターネットで知り合った男がいれば、車に飛び乗って、何十キロも離れたところまで会いに行けます。何かがうまくいかなくても大丈夫。

フランスではそうはいきません。女性が生まれ育った町の幼なじみと結婚することはちっとも珍しくありません。社会生活の中心は家族なので、フランス人は男も女も、人づき合いがうまくて周囲の人たちと仲よくできる、家族思いの相手を求めます。かりに秘密の相手がいることはあっても、それについてはおたがいに話題にしないのがふつうです。

デブラ・オリヴィエの素晴らしい著書（原題A Woman's Guide to Finding Her Inner French Girl）には、クリストフというフランス人ジャーナリストの話が出ています。

アメリカでは起きていることすべてが契約書のように事務的に扱われる。恋愛もビジネスみたいで、フランスとはまったく逆だね。フランス人が相手だったら何カ月間もデートを重ねたあげく、結局彼女がどういう人なのか、僕に何を望んでいるのかすらわからないことなんかザラさ。

でもアメリカ人女性は違う。一回目か二回目のデートのあとで、すべてをはっきりさせたがる。「わたしたちって恋人同士？　あなたはわたしの彼氏なの、それともただの友達のつもり？」ってね。

フランス人女性はそういうやり方はしない。なるべく自分をさらけ出さないようにしているんだ。愛が自然にゆっくりと深まっていくほうを好む。それにそのほうが、女性側がつねに主導権を握っていられるしね。

ファンタスティックな時間

いいことずくめの話に思えませんか？　男性との恋愛の場面で、今までより主導権を握り、今までよりずっと自信をもちたいとは思いませんか？　自分に主導権があるとわかっていれば安心です。フランス人じゃなくても、フランス人のお母さんがいなくても、こうしたテクニックは学べます。

フランス女性のように魅惑的でチャーミングになれるかは、あなた次第です。何がセクシーかということを考えなおしてみましょう。紋切り型のオンか／オフか――自分に課しているジョギングのためにスウェットに着替えたかと思えば、夜のお出かけには極端に肌が露出したカクテルドレスを着て超ハイヒールを履くような――ではなく、つねにおしゃれをするよう心がけること。肌は少しだけ露出させるか、色っぽいアクセサリーをひとつだけつけましょう。控えめなほうが効果的なこと、さりげなさがコツだということを忘れずに、何事もほどほどにおさえること。

愛はひとかけらの高級チョコレートのようなものと心得てください。安いものに手を出すのではなく、本当に上等で満足のいくものを選んでください。そして情熱が高まってくるのを感じながら、〈その時〉がくるのを待つのです。充分に堪能してくださ い。快感と官能を味わい、楽しんでください。

まわりの人たちを〈誘惑する〉（ただしフランス流に）ことから始めましょう。これは、実際に男を〈つかまえる〉とか、夫が自分にもっと関心を向けるよう強制することとは違います。フランス女性を見習って、あなたの中の自然な官能に意識をかたむけてみてください。

目力を活用しましょう。微笑みはちょっとだけ。あなたが十七歳でも七十五歳でも、基本は同じ。フランス流の考え方では、愛するのに年齢制限はありません。愛やセックス、魅惑や美は、若い人だけのためのものではありません。カトリーヌ・ドヌーヴをごらんなさい。アリエル・ドンバール、ファニー・アルダン、ジュリエット・ビノシュ、イザベル・ユペール、セゴレーヌ・ロワイヤル。ね、年齢なんて関係ないでしょう？

「むずかしい方ね」

頭がごちゃごちゃになってきてしまいましたか？　たしかにむずかしいですよね。でもそれを言うなら、あなただってむずかしい生き物だし、愛もまた難解なのです。フランス女性は、そのむずかしさこそが女性特有の魅力だということをわかっています。つまり〈気まぐれ〉です。アメリカでは七〇年代の女性の権利運動によって追放されてしまいましたが、気分屋だとか、ころころ気が変わるというのは、いまだに、そしていつまでも、女性の特権でありつづけるでしょう。

フランス女性は、気まぐれという自分たちの特権を手放しませんでした。今こそわたしたちも、不当に否定されてきたこの特権を取り戻すときです。気まぐれや移り気を、ホルモンバランスの崩れがもたらす欠点と考えるのではなく、心と体と精神の状態をしめすバロメーターとしてとらえるのです。

フランスに数年間在住したアメリカ人男性はこう語っています。

僕はフランス人の女性を敬愛しています。彼女たちのすらりとした体型やスタイリッシュなところ――それももちろん好きなんですが、アメリカ人と比べて人生をより深く楽しんでいるところがとても素敵だと思うんです。彼女たちはアメリカ人の女性ほど物質的な豊かさにこだわりません。そのことひとつとっても、僕の目にはフランス女性が美しく見えます。彼女たちには取り繕わない、自然な美しさがあります。

精神面では、フランス人のほうがアメリカ人よりも空想力がたくましく、情熱的で、突飛で、生きる喜びに満ち、自分の若さを楽しもうという意思があって、教養が高いように思います。

それに僕はフランス語が大好きなんです、あの音楽的な響きがね。同じように「あっちへ失せろ」と言われるのでも、フランス語だと響きが美しいから腹も立たないぐらい。フランス語にはある種のフォーマルな感じがあって、その緊張感がまたいいんです。

あるとき僕の友人が、ナイトクラブで可愛らしいホステスの気にさわるようなことを言ってしまった。彼女はこう答えたそうです。「あなたってむずかしい方ね〈Mais monsieur, comme vous êtes compliqué.〉」と。意訳すれば「あなたってサイテー」になるんだけど、彼女はそう言わずに「むずかしい方」という言葉をつかった。そしてその友人は本当にむずかしいヤツだったんだ。僕はフランス語のそういうところが大好きなんです。

フランス語を話せない以上、このテクニックを見習うのは無理と、あなたは思うかもしれません。でも、自分がしゃべる言葉に気をつけるようにすれば、無理ではありません。「あなたってサイテー」と言うかわりに「あなたってむずかしい方ね」と言えば、たとえフランス語でなくても色っぽいニュアンスを出すことは可能です。

それに、本物を愛したり、人生を深く楽しんだり、空想力が豊かなのは、何もフランス女性の専売特許ではないのです。アメリカ人のほうが物質的な豊かさを追い求めるというのは事実かもしれません。でも同時に楽しいことが好きで、何事にも熱心に取り組む、純粋で活気にあふれた国民性でもあります。問題は、わたしたちがそのような一面を、一定の状況以外ではあまり見せないことなのです。生きる喜びや空想力や情熱を、つねに前面に出したほうが色々なことがうまくいくとは思いませんか？

フランス女性は自分をアピールする機会を見逃しません。そしてこれこそが、彼女たちが男性と出会える秘訣なのです。

さっそく外に出かけて、フランス流に誘惑してみましょう。誰かに道をきいてみます。笑うのは少しだけ、コミュニケーションには目力を使います。これを三週間つづけ、そのあいだに発見したことをメモしておきましょう。成功体験も記録しておきます。

つぎに、おしゃれな服装をしてまわりから注目されることに喜びを感じること。一夜限りのお誘いや、見返りを求めてくる人とのつき合いにはノーと言いましょう。

最後に、あなた自身の意識を変えましょう。自分の中の直感に耳をすまし、女性の特権である〝気まぐれ〟のテクニックを身につけましょう。

第4章

フランス女性はあるがままの自分が好き

フランス的目覚め

朝目覚め、鏡をのぞきこむと、自信に満ちあふれた美しい自分がうつっている。そんなシーンを想像してみてください。上等なソープやいいにおいがするクリームで、愛情をこめて自分の体をケアする。ゆっくりとその日の身支度をし、服をつけ、そして、自分が自分にしかない魅力で輝いていることを確信する。これがまさにフランス女性の一日の始まりです。

彼女たちは月に一度はフェイシャルエステに通うか、キッチンにある材料を使って自分でフェイシャルケアをします。パパイヤのピーリングクリームで顔をケアし、季節にぴったりの香水を、時間をかけて選びます。工芸品フェアに行って、自分のスタイルに合ったアクセサリーを手に入れます。そう、彼女たちは女性に生まれた喜びを満喫し、その特権をフルにエンジョイしているのです。なんてフランス的なんでしょう！

魔法使いは知っていた

ふだんは美しさや女らしさを追求する気持ちを押し殺し、デートやセックスのときだけ女らしくする生活をしていると、じょじょに気持ちが混乱してきます。女性としてのアイデンティティがどこにあるかわからなくなってしまい、大切な自信も失っていくことになります。わたしたちの心のどこかに、女性らしさ＝性的対象という意識があり、女らしさとは男を誘惑し喜ばせるものにすぎないという思いがあるから、そうなってしまうのです。

そんな意識を脱ぎ捨てて、自分だけのために、女性らしさに磨きをかけてみませんか？

本当のことを言いましょう。フランス女性は、わたしたちより美しいわけではありません。ただ彼女たちは、自分を美しいと思いこんでいるのです。『オズの魔法使い』で、魔法使いがカカシに言った言葉をおぼえていますか？「世の中には偉大な思想家や哲学者や頭のいい人たちがいる。でも彼らとカカシの違いといったら、卒業証書という一枚の紙切れを持っているかいないかだけ」

カカシは魔法使いから卒業証書を手渡されると、偉大な思想がわいてくるようになりました。要は、自分自身への思いこみを変えられるかということ。心理学上のちょっとしたトリックです。

美についても同じことが言えます。〈わたしは美しい〉と信じれば、美しくなれるのです。このシンプルな気持ちの切り替えが、あなたを美しくします。自分を美しいと思えれば、心身のお手入れをきちんとするようになるからです。自分にもっと関心をもつようになり、服装にも気をつかい、自己投資もします。人から注目を集めるだけの存在になろうとします。

自分のことがよく〈見える〉ようになれば、メイクもどんどん薄くなっていきます。すべては気持ちの切り替えという小さな変化から始まります。

フランス女性はナチュラルメイクで知られています。ファンデーションを少しだけ塗り、マスカラとリップグロスをほんのりつける、というのが定番。魅力ある個性を引き立てるために、つけまつ毛や真っ赤な口紅などを一点使いする人もいます。際立たせる部分は少ないほど効果があるので、ふつうは一カ所にとどめます。たとえば真っ赤な口紅をつけたら、顔のほかの部分には何もしない。アイライナーとマスカラを濃いめにつけたら、唇には何も塗らないでおく、といったふうに。

でも実は、フランス女性の美の秘訣は、顔や肌に何をどれだけつけるかということではありません。それよりも、自分に自信をもち、あるがままの自分にハッピーでいられることが、その美しさの秘密なのです。美は内側からにじみ出てくるというのは真実です。

あなたを本当に美しく見せ、それを自覚させてくれるのは、あなた自身です。あなた自身を表現することです。あるフランス女性の言葉です。

男女間でいちばん大切なのは、自分らしくいることだと思うわ。夫の人生を生きるんじゃなくて、自分の人生を生きるということ。誰かを愛し、その人と一緒に歩いていくことはできる。でも、その人の人生を代わりに生きてあげることはできないし、彼もあなたの人生の代わりはできない。彼はあなたの個性を愛してくれたのだから、その〝あなたらしさ〟をずっとキープしないとね……。

キーワードはナチュラル

自分らしくいる——それだけで、フランス女性はミステリアスで魅惑的な雰囲気を身にまといます。最新のトレンドを追いかけたりする必要はありません。彼女が自信にあふれていれば、男性は彼女をもっとよく知り、理解したいと思うようになるのです。最もナチュラルな姿こそが、最も魅惑的に見せてくれることを、フランス女性は知っています。

みんなと同じトレンドを追いかけることはせず、何か違うことをすれば、あなたが流れに引きずられたりしない女性だということが、相手に伝わるでしょう。自分の頭で考え、自分らしいメイクやファッションを楽しむだけの自信をもった女性はナチュラルです。

わたしたちは、ありのままの自分は美しくないという考えにとらわれています。だから濃すぎるメイクをし、額にはボトックス注射を打ち、美容整形に走るのです。こんなことをつづけて、自分の美しさに自信がもてるようになるのでしょうか？　セクシーになれるのでしょうか？

美しさを取り戻す

ナオミ・ウルフはその著書『美の陰謀――女たちの見えない敵』（原題The Beauty Myths）の中で「女性らしさとは、性別が女性であることプラス、その時その社会が売り出しているもの」と書きました。

〝女性らしさ〟がセクシュアリティと可愛らしさを意味するのなら、女はそれを失ってはいない。喜びを感じているなら、その女の体は〝素晴らしい〟体なのだ。お金をかけたり、無理なダイエットをしたり、一生懸命にがんばってセクシーになろうとする必要はない。わたしたちはもともとセクシーなのだから。がんばればエロティックな経験ができるなどと思う必要はない。もともとその資質があるのだから。

女性であること、そして女性のセクシュアリティは素晴らしいもの。女はみな、ひそかにそのことに気づいていた。そのセクシュアリティにおいて、女はすでに美しく、素晴らしく、驚異的だった。

フランス女性はこの事実をずっと忘れずにきました。ウーマンリブ運動はフランスにも広がりましたが、アメリカのように男女間に溝ができてしまうことはありませんでした。フランス人にきくと、男も女も口を揃えて、フランスには〈男女間のあつれき〉はないと言います。むしろ、おたがいがパートナーだという感覚のほうが強く、愛やセックス、男女間のことは何者にも邪魔されたくないと思っているのがフランス人なのです。あつれきが起こるわけがありません。

〈衰え〉がこわい

わたしたちは年齢を重ねるにつれ、自分が世の中のスポットライトから外れて、どんどん老けこんでいくような感覚に襲われます。その恐怖に追われるように、もっと何かをしなければと思います。もっとマスカラと口紅を塗らなくては。もっと、もっと。そして鏡を見ては衰えていく恐怖におびえるのです。

アメリカは、年齢を重ねることにあまり価値を置かない国。二十二歳でブロンドで、不自然なほどおっぱいが大きくて、体は十四歳の少女のようにガリガリに痩せているのがもてはやされるお国柄なのです。

それとも、わたしたちはメディアにあおられて自信をなくしているのかもしれません。十キロ痩せなさい、豊胸手術を受けなさい、ワードローブの改造も必要、ボトックス注射で額のシワを消して、デリケートゾーンは外科的手法で若返らせる——こんなことを聞かされつづけているうちに、嫌気がさしてしまったのかもしれません。

もういいわ、わたしは完全なナチュラル志向でいく。もう自分を変えようとするのはやめた、流れに身を任せるわ——それ自体は悪いことではありません。ボディケアをやめてしまうとか、髪をバッサリ短く切って手入れをしないとか、老けこんでもまったく気にしないとか、着ているのはいつもスウェット、という意味でなければの話ですが。

美をふたたび

美の概念を取り戻せるかどうかは女性自身にかかっています。わたしたちはここに存在していて、そして美しいのだということ、肌の色も年齢も、体格や体型もそれぞれ違っていて、それがいいのだということを、広告主やハリウッドやファッション雑誌にアピールできるかどうか。これはとても重要なことです。わたしたちのラブ・ライフは危機にひんしています。

あなたが愛やロマンスに適した人材かどうかを、世間に決めてもらっていいのですか？

ある年齢を超えたら、セックスよりも便秘解消サプリメントの心配をしなさいという意見に耳をかたむけるつもりですか？

そんなのフランス流ではありません。フランス政府が公開した、セクシュアリティに関する六百ページもの新報告書によると、五十歳超の女性の九十％が、現在も性生活があると答えています（また、三十〜四十九歳の女性の性交渉相手の平均人数は五・一。ちなみに男性は十二・九）。

フランス女性はラブ・ライフについては量より質を大切にし、中年になっても強い性欲を保っていることがこの調査からわかります。

年齢を重ねた女性はフランスじゅうどこにでもいますが、特にパリではその存在が目立ちます。素敵なブーツに、ミステリアスなサングラスをかけていたりします。スリムだけど、いわゆる〈色っぽい体つき〉。ブーツに合わせて、ミニスカートをはいていることも多く、胸の谷間を見せていることだってあります。六十代であっても、その姿にはエネルギーがあふれています。そう、年齢も彼女の美しさの一部なのです。

たとえば、そのはかなさ、年齢からくる賢明さ、経験豊富な女性にしか出せない色っぽさ。カトリーヌ・ドヌーヴをご覧なさい。長い人生を生き、愛してきた人しか得られない美しさが、彼女の姿態に刻みこまれています。

美の機会均等

十代、二十代のフランス女子もまた美しい。プロのホステスにも、カフェで働く女性にもスタイルがあり、優雅さと生意気さを兼ね備えています。〈生意気な態度〉は〈傲慢〉と誤解されがちですが、実は自分の価値がよくわかっているという自信のあられなのです。

フランスでは、女性の顔や体のラインの美しさを表現し、ほめたたえたものを、あちこちで見かけます。銅像や記念碑や広告、郵便切手など。少女たちの自尊心は、こうして育まれていくのでしょう。

フランス人男性もまた自己主張が強く、ほめ上手で、軽口が得意な人が多いようです。アメリカ人ほど性差別の訴訟などを気にしませんし、女性はほめられるのが好きだとよくわかっています。こうして男性から毎日のように遠慮なくほめられ注目されて、フランス女性はどんどん魅力的になっていくのです。そんなことがあるかしらと思うかもしれませんが、本当です。フランス女性が服装に気をつかい、ボディケアを念入りに行うのは、もちろん自分の幸福感を高めるためですが、同時に男性の称賛を浴びたいからでもあるのです。

彼女は家から一歩外に出た瞬間から、すべての目が自分を見ていることを自覚しています。だからバレリーナのように顔を上げ、胸を張って歩くのです。

フランス女性は小さな頃から、注目されることが一般的に害のないものだということを学びます。男性からの視線を感じるのは、男女がたがいにほめ合う、大人の社会の一員になった証なのです。

とりわけ、服を念入りに選びます。わずかにセクシーさを感じさせるおしゃれな服装をしますが、度を超すことはありません。見せびらかすのは、体の一部だけ。たとえば脚を見せるのだったらミニスカートにブーツを履き、そのぶん上半身はだぼっとしたセーターで体の線が出ないようにします。注目は浴びたいけれど、妙な注目はご免ですから。

フランス女性は男性を喜ばせることが好きです。ショッキングな響きでしょうか？　でも同時に、フランス男性もまた、女性を喜ばせるのが好きなのです！

われらが男性陣をどうするか

ここでジレンマが生まれます。わたしたちが女性らしさを意識し、自分らしい美しさに目覚め、胸を張って街を歩いたとしても、肝心の男性が全然わかってくれなかったら？　わが国の男性は、ほめ言葉など口にするべきではないと教えられているのですから。

アメリカ人女性の中にも、男性を喜ばせるためにおしゃれをする人はたくさんいます。微笑み、流し目をし、女らしい軽口をたたいても、感じよく無視されてしまう。わたしたちのあいだでよく話題になるのは、最近の男性は、女性が両手いっぱいに荷物を抱えて立ち往生していても、ドアひとつ開けてくれない人種になってしまったこと!

逆に注目してくる男性は、こちらが注目なんかしてほしくないタイプの勘違い男ばかり。その勘違い男を見たまともな男は、同類だと思われたくなくて、ますますほめ言葉をかけようとしなくなる。この悪循環に、わたしたちは絶望してしまうのです。性差別をやめるよう長年、男性に働きかけてきた結果、女を追いかけるという男の本能まで奪ってしまったのかもしれません。

恋愛に関しては女性がイニシアティブをとりたがっていると思っている男性が多いのも事実です。

服や髪型についてコメントされるのを女性は嫌がる。デートも自分からアプローチをし、誘うのを好む。セックスについてもいつ、どこで、どのようにするかは女性が決める——決めたがっている、と男たちは言うのです。女性は恋愛関係そのものを自分が仕切りたいと思っている、自分たちはそれに従っているだけだと。

わたしたちが男女平等を訴え、男性にもうちょっと気を遣ってほしいと願っていた四十年前だったら、これもアリだったかもしれません。でも今は、わたしたちが何から何まで仕切り、男は仕切られるのを待っているだけ、というパターンができあがってしまいました。なんらかの〈市場修正〉が必要です。ラブ・ライフをよりセクシーで楽しい、フランス的なものにするために、何かをさりげなく、少しずつ変えていかなくてはいけません。

実はとても簡単なやり方があるのです。

追いかけっこ

わたしはあなたを追いかける。あなたはわたしから逃げる。

わたしはあなたから逃げる。あなたはわたしを追いかける。

このシーンを思い浮かべてみてください。子どもたちが鬼ごっこをしています。一人の女の子が逃げ、男の子が追いかける。彼女をつかまえたら鬼は交代、今度は男の子が逃げ出す。女の子がそれを追いかける。

これがアメリカです。一九六〇年代の性革命時代、わたしたちは男の子たちに、もう追いかけてこないで、と告げました。女だって男と同じくらいセックスがしたい、だから女だって、セックスと恋愛感情を分けて考えたっていいでしょ？と言ったのです。

なんという強がり！

現代はどうでしょう。男の子が逃げて、女の子が追いかける側にまわっています。もう三十年以上も、追いかける側をやっているのです。これは男にとっても好都合。何もしなくていいし、時折逃げる足を止めては〈つかまった〉ふりをし、真剣交際に発展してしまいそうになったらまた素早く逃げ出せばいいのですから。

わたしたちはどう対処したらいいでしょう？ それは〈追いかけるのをやめる〉ことです。逃げ始めるのはまだ早い。追いかけるのをやめて、じっとしていましょう。じっとしてどうするかって？ 美しく、セクシーで、自信にあふれたあなたを見せるのです。彼らがまだあなたを見ることができるぎりぎりまで距離をおいて、美しいあなたを見せるのです。

フランス女性からインスピレーションをもらってください。デート相手がいないからといって、彼女たちは家にこもって、スナック菓子を食べながらテレビの前で泣いたりしません。どんどん外に出かけます。散歩や映画に行ったり、カフェで過ごしたり、友人と食事に行ったり。あるいは散歩しているだけかもしれません。でも誰かを追いかけたり、酔っぱらって元彼に電話をかけたりはしません。そうやって出歩いているあいだも、誰かが彼女のことを見ています。自信をもって自分らしくふるまっていれば、そのうち誰かが自分を追いかけてくることを、彼女は知っています。

市場修正にはもう少し時間がかかるかもしれません。でもわれらが男性陣はなかなか賢い人たち、すぐにキャッチアップするはずです。ゴージャスな彼女が、もう自分を追いかけてきてはくれないこと。真夜中に電話などかけてこないこと。男の気をひくためにデートのセッティングなどしないこと。一夜のお誘いには乗ってこないことを、少しずつ理解するようになるでしょう。

ポイントは、風の流れが変わったことを彼らに言葉で伝えるのではなく、態度や雰囲気に〈あらわす〉ことです。男性と接するときはつねに、言葉よりも行動がものを言うことを忘れずに。

そう遠くないうちに、男性が女性を追いかけ始めるでしょう。

本当のことを言うと、わたしたちが男を好きなのと同じくらい、彼らもわたしたちが好きなのです。わたしたちが望むことなら何でもしたいと思っているはずです。彼らに望んでいることが何なのかを、ちゃんと伝えましょう。

あるがままの自分を好きになる

あるがままに――これにぴったりのフランス語があります。〈Etre bien dans sa peau.〉この言葉には、別の意味もあります。女性が自分を表現するための自分なりのやり方、という意味を含んでいるのです。自分という個体のイメージをつかんでいる女性は、それをさまざまなやり方でアピールします。

しゃべり方、ジェスチャー、服装――フランス女性が買う服の数はわたしたちより少なく、良質で、自分に似合うものだけを買います。ワードローブにも、アクセサリーにも、そして立ち姿にも、彼女ならではの個性が表現されます。

フランスでは、女の子の多くがダンスのレッスンに通っていますが、それはプロのダンサーになるためではありません。美しい立ち姿や動作の統一感を学ぶためです。そこで体得した身のこなしは品格となり、一生ものの財産となるのです。

バランス＝ハピネス＝ビューティ

　フランス女性は、つねにバランスがとれた生活を大切にしています。自分のラブ・ライフがハッピーで、仕事にも家庭生活にも、自分自身にも満足していたら、彼女はあるがままの自分でハッピーだということになります。このデリケートなバランスを保つには、自分自身へのお手入れが欠かせません。彼女は贅沢のためではなく、生活に必要なこととしてエステに通います。それも、お金をかければいいというわけではありません。

　身体的、精神的、感情的、そして性的な満足感はたがいに関係し合っていて、どれも同じだけ気を配り、大切にする必要があるのです。自分に満足していれば、自信も生まれてきます。自信があれば、まわりがそれに気がついて称賛する。その称賛によってますます磨きがかかるというわけです。

　自信は、何もフランス女性だけが得られる特権ではありません。わたしたちも自信をつけようではありませんか。

　まず、何か気に入ったものを買うことから始めましょう。大きな買い物でなくてもいいのです。新しいスカーフとか、高価じゃないけど可愛らしいジュエリーとか、マニキュアとか。メイクはいつもより控えめに（メイクをまったくしていない人はいつもより多く）。クリームをひとつ買いましょう。ロクシタンのものがおすすめです。入浴時間／入浴後の時間／シャワー時間をいつもより十分間だけ長くとりましょう。そして、わざとらしくて恥ずかしいかもしれませんが、鏡の前に立ってこう言ってみてください。「わたしは美しい」と。そう、その言葉どおり、あなたは美しいのです。フランス人の母親だったら、娘の容姿にかかわらず、そう言っているはずです。

理想的な美の形にとらわれるのはやめましょう。アンジェリーナ・ジョリーのような唇や、ジェニファー・アニストンのような髪じゃなくても、そんなこと関係ありません。セレブに話が及んだついでにアドバイスをしますが、セレブが出てくるテレビ番組をみるのはやめましょう。フランス女性はわたしたちのようにセレブを追いかけたりはしないし、〈完璧な〉女性が完璧な人生を送っている（いつか凋落する日まで）映像なんかみないほうが精神衛生上もいいと思います。

ジョリー・レイド

Jolie-laide〈ジョリー・レイド〉。典型的な意味での、美人ではない女性をあらわすフランス語です。直訳すると〝愛きょうがある、家庭的な〟となりますが、それよりずっと多くの意味を含んでいます。非古典的な意味で、とても魅力的で美しいこともまたジョリー・レイドというからです。ひとつの言葉に相反するふたつの意味があるとは、なんと素晴らしいんでしょう。国の歴史や文化が成熟し、感受性がより研ぎすまされている証です。フランス人は年齢や経験、そして目をひくような顔の特徴――大きな鼻、張り出したあご、やぶにらみの目、ものすごく薄い唇――があるからこそ、女性は魅力的に見えるのだということを知っています。かわいいとか醜いとかでは言い表せない、美しさです。

フランス人にとっての美しさは、見た目そのままではなく、知的で心豊かな人生を送ってきた人だけが放つオーラのようなものを指しています。オリジナリティや、芸術的であることを尊ぶのです。美の醸成には時間がかかります。

わたしたちのお気に入り

朝、贅沢なお風呂に入って、香りのよいボディローションをつけるだけで、その日一日が違ってきます。フランス女性は朝のルーティンに時間をかけます。平日の朝はゆっくりお風呂に入れないにしても、肌をなめらかにしたり、セルライトを除去したり、バストやお尻に張りを与えるクリームやローションをつけます。

毎朝のシャワーのあとに、バストに張りをもたせるため、冷水を浴びると教えてくれた女性もいます。そこまでして、効き目はあるのでしょうか？　あるのかもしれないし、ないのかもしれません。でも、香りのよいクリームを肌につけることが、精神的にどれだけいい効果をもたらすか考えてみてください。自分の肌に触れることは、新たな自分を知ることです。自分らしさの再発見です。そしてそれが、自分を好きになるための最初のステップです。

香りと感受性

　フランス女性は香水が大好き。さりげなく男性の気をひくことができるのはもちろん、自分もいい気分になれます。たとえば一九四八年、フランスのデザイナー、ロベール・ピゲによってつくられた香水〝フラカ〟（フランス語で〝カオス〟という意味）。発表以来ずっと、世界でもっとも愛される、ほかには類をみない香水として君臨しています。チュベローズ（月下香）、オレンジフラワー、クチナシ、ジャスミンがくらくらするほど香るこの香水の愛好者は多く、マドンナ、イマン、ソフィア・コッポラ始め、デザイナーのアナ・スイや、マーサ・スチュワートにまで愛されています。彼女たちはみな、この香水を自分の香りと決めています。

　ひとつの香りが女性にどれほどの影響をもたらすのか、疑問に思われる方もいるかもしれません。でも嗅覚はもっとも本能的な感覚のひとつで、相手を魅惑し、とりこにする力があることを、フランス女性は心得ています。

良質なランジェリーのパワー

これだけじっくり入浴しボディケアをしたあげくに、コットンのおばさんパンツをはくわけにはいきません。上質なランジェリーを身につけましょう。プリンセスタムタム、オーバドゥ、DIM、ラ・ペルラ。恋人や夫を驚かせるために、ガーター付ストッキングをはく女性もいます。それから、下着はかならず上下お揃いにすること。これもフランス女性の美しさの秘密です。素敵なコーディネートは下着から始まっているのです。

ブラとショーツをつけたら、つぎはサテンのように光沢のあるキャミソール。脚はワックスか剃刀でつねにつるつるにしているけれど、恋人がわき毛やアンダーヘアをセクシーと感じるタイプだったら、彼のためにそこは手入れをしないでおくのもアリ。そう、彼を喜ばせるために。

何かおかしい？　恋人を喜ばせたいとは思いませんか？　恋人が喜べば、わたしたちも喜びを得られるのじゃないかしら？

鏡を見ましょう。そして自分に問いかけてみましょう。わたしの長所はどこ？目？　頬骨？　お尻？　それとも脚？　自分のお気に入りのパーツを強調する方法を考えましょう。真っ青なスカーフをつける。デコルテを少し露出させる。マスカラを濃いめに塗る。派手な柄のストッキングをはいてみる。香水を変えてみるのもいいかも。あなたらしい装いを編み出してください。

つぎに、あなたにしかない魅惑的な部分をリストアップしてみましょう。悩殺スマイルや濃いまつ毛、くびれたウエストはもちろん、ロシア語ができるとか、ばかげた遊びを思いつくのも魅力の一部です。欠点もリストアップしましょう。髪が細すぎる、鼻が少し曲がっている、胸がペタンコとか、そういうことです。この欠点を受け容れたうえで、発想を切り替えます。

もっと自分を好きになって、それをちゃんと表現しましょう。それがあなたを本当に美しく見せてくれます。あなたは型にはまるタイプの人間ではありません。自信をもって、人とは違う自分になる勇気をもちましょう。

第5章 知的な女性は美しい

知性を身につける

アメリカ人の好きな話題がスポーツだとしたら、フランス人のそれは本と映画と政治です。ポンピドゥー・センターで今何の催し物が行われているか、近くにいるフランス人をつかまえてきいてみてください。催し物の内容と、詳細な感想が返ってくるでしょう。近所の独立系映画館（フランスの映画館には年会員制度というのがあり、一カ月分の会費を支払うだけで、一年間映画が見放題です）で上映している、外国の芸術映画についてきいてみましょう。映画の内容と個人的な感想を教えてくれるばかりでなく、マイナーな映画雑誌に載っていた評論の内容まで教えてくれるに違いありません。それどころか、原作も読んでいると言い出すかもしれません。

あるフランス女性は、こう言っています。

フランス人は、相手と意見が異なると思ったら、それが何であろうと論争し、議論を闘わせたがるの。新しく施行された法律、政治家、アメリカの大統領候補、最新のニュース、地球温暖化、どんなテーマでもよ。

何でも議論してしまうなんて、セクシーとはいえない？　とんでもない。

フランス人は、知的であることこそ、セクシーだと信じて疑いません。アメリカ人のように、教養を押し隠したりはしないのです。〈オツムの弱い金髪美人〉みたいなステレオタイプはフランスには存在しません。カトリーヌ・ドヌーヴがいい例です。

ヘレナ・フリス・パウエルによる面白くて洞察的な著書『All You Need to be Impossibly French』の中で、彼女はこう書いています。「フランス女性は、知性を美と同じくらい大事だと考えている。魅惑的でセクシーなだけでは不充分。教養もなくてはならない」

「オッケー、いいよ、ていうか彼ってちょっとよくない？」こんな奇妙なしゃべり方で媚を売るギャルに、男は一時的にまいってしまうかもしれません。でも、こんな女性は、どんなに外見が可愛くてもすぐに飽きられてしまうでしょう。美しいだけの人はじきに色あせてしまいますが、教養をあわせもっている人はずっと美しくいられるのです。

扱いにくい女 vs. 魅力的な女

アメリカとフランス両方に住んだことがあり、両方の国の男性との恋愛経験があるフランス女性にインタビューした際、フランス人は芸術や文化や政治について熱っぽい議論をかわすけれど、反対意見を個人攻撃として受けとる人がいない、という話になりました。彼女いわく、アメリカでは議論に参加する女性は〈扱いにくい女〉と見られるけれど、フランスでは頭がよくて魅力的だと思われる、とのこと。

フランス女性が知的な会話に巧みなのは、話をけっして個人攻撃にもっていかないからです。哲学者デカルトの影響がいまだに生きているのか、フランス人には議論と個人的感情を切り離して考えるという独自の能力があります。感情は自分の中からわき起こるものなのだから、飼いならし、コントロールすることができる、だから知性を邪魔するものではない、という考え方です。

その一方でデカルトは、人や物などの外的要因によって引き起こされる〈情念〉というものがあり、それは制御不可能なものだとも述べています。

感情に対するこの巧妙な分析もまた、フランス人はその気になれば、愛にも知性を働かせることができることを示しています。愛人をもつことに対してアメリカよりも寛容なのはこのためかもしれません（これについてはまたのちほど）。このデカルト的な考え方があるからこそ、理知的な人間が狂おしいほど情熱的な情事にふけることもまた、許されるのでしょう。

フランス女性は知的に魅せる

フランスではメガネをかけている女性がとても多いんです。コンタクトレンズが品不足なのかと思うほど。実は、フランス女性はメガネを好んでかけます。知的に見えるだけではなく、個性的にも見えますから。そう、それにミステリアスにも……。

男たちが、お堅い図書館員に惹かれる、あの心理。ちょっと口説くのがむずかしそうなほうが気をそそられることを、フランス女性は知っています。髪はシニョンにまとめ、首には厚手のシルクのスカーフ、そして最新のトレンドに乗ったメガネ（気に入ったのが見つかるまで、何カ月もかけて探しまわったもの）。知的な雰囲気は、彼女をよりミステリアスに見せてくれます。

その知性の奥には何があるのか、男は知りたくなるでしょう。欲望のままに抱き合った翌朝のベッドで、メガネを外して髪をおろした彼女の姿を想像してしまうでしょう。

フランス女性は、ロマンスと誘惑には時間をかけるものと思っています。おいしい食事をゆっくり味わいながら食べるように、愛も儀式にのっとってゆっくりと進行していくもの。初期の軽いふざけ合いから愛の成就、そしてその先へとつづく素晴らしい道のりで、知的に見えること。そして実際に知的であることは、大きな役割を果たしているのです。

〈avoir du chien〉というフランス語があります。強い個性という意味ですが、聡明で魅力的で、セクシーな女性を指す言葉でもあります。

わかりにくい存在でいましょう

わたしたちは何かと杓子定規に物事を決めつけたがります。たとえば、頭がいいけど地味な女性か、顔はきれいだけど頭が悪い女性かの、どちらか。街に出て男探しをする、やけどしそうなほどセクシーなベイビーか、三匹のアビシニアン猫と本に囲まれて家に引きこもっている、オールドミスの図書館員か。女性にはこの二種類しかないと思っているふしがあります。

わたしたちは、ゆっくりと時間をかけておたがいのことを理解していくという恋愛手法を見失ってしまったのかもしれません。フリーな女は、フリーと書いたネオンサインを首からぶら下げていて（もののたとえですが）、そうじゃない女は外見にまったく構わなくなり、ひたすら精神的な満足だけを求めるようになる、と決めつけてしまったのです。

フランス女性は、身も心も生き生きとしていることが、美しさにつながることを知っています。

知性を発揮しているときこそ、女性はもっとも輝くのだということを、彼女たちはわかっています。だからローカルニュースだけでなく、世界の出来事にも目を向ける。アートギャラリーのオープニングに駆けつけ、マイナーな文学雑誌に目を通す。友人たちと集まっては、芸術や文化、政治について熱い議論をかわす。彼女たちの意見は幅広く、言葉が火花を散らします。これもすべてゲームの一部なのでしょう。

フランス女性は、女ばかりの読書クラブになど入りません。社交的な集まりは、男女が両方参加するものを選びます。〈個性礼賛〉という表現は、フランス人の感性をよくあらわしています。彼らは老若男女、住んでいる場所にかかわらず、さまざまな人たちと交流するのを好みます。

フランス人は男と女は違うものだという認識のもとで生きており、時にはいざこざもあるけれど、それすらも男女の軽いふざけ合いの一部にしてしまうほど。最新の《ゴンクール賞》（フランスの文学賞）の受賞者には文学上のメリットがあったのか、アメリー・ノートンやダニエル・ペナックの新作をどう思うか、オリヴィエ・アサヤスの最新作はなぜ観る価値がないか、そんな議論すら男女間のちょっとした刺激となるのです。

知的好奇心をあらわにするほど、自分のセクシーさをアピールできるものはありません。議論という名の安全圏の中で、一定の親密さをはぐくむことができるからです。スタンダールから受けた影響について、時には涙ぐみながら説明する姿は、男にとってはたまらないでしょう。彼女はまだ彼との恋愛関係を始める気はないけれど、少なくとも自分の考えや気持ちを表現することによって、彼の心をとらえ、自分の魅力に気づかせることができたのです。彼女が豊かな心をもち、物事を深く考える人だということ、特定の哲学的・文学的傾向に惹かれるタイプであることが、彼に伝わったからです。

彼は、彼女の心を動かす方法を思いつきました。彼女の大好きな本の初版本をプレゼントする。あるいは彼女の気持ちや考え方、経験などを表現した詩を探す。教養豊かな意見交換をすることで、相手の言葉にきちんと耳をかたむけていることをアピールすることもできます。自分の価値を女性にアピールするチャンスなのです。そして女性のほうは、彼が本当に価値のある男なのかを見きわめるための時間を稼ぐことができます。そこには、物理的なプレッシャーはまったくありません。すべてが内面的なことです。

愛を成就させる昔ながらの秘訣

結婚生活について語りましょう。初めのうちは性的情熱がすべてを支配します。それは確かです。ほとばしる情熱の力は激しく、愛を成就させるのに言葉は必要ありません。毎晩のようにベッドで愛を交わし、合間にあわただしく食事をとって、またベッドにもどる。でもそのうちに、日常の平凡な雑事の数々が肉体的な情熱を凌駕する日がくるのです。

情熱が完全に消えてなくなってしまうことはないけれど、どんなに愛し合っているカップルでも、何年も一緒にいれば、息を吞むほどの激しい情熱は薄れていきます。そして、それにとって代わるようにして、知的好奇心や共通の趣味、価値観の共有、つまりひと言で言うとたがいへの友愛の情が生まれてくる。

この友愛の情なしには、愛は成り立たないのです。

『ラストタンゴ・イン・パリ』という映画をおぼえていますか？　フランス語をしゃべれないアメリカ人の中年男が、英語をしゃべれない二十代の若いフランス娘と出会います。アパートの空室で偶然会い、言葉を交わすこともないまま、荒々しくて激しい、本能と欲望がむき出しの、極度にエロティックな情事が始まります。彼らはたがいの名前すら知ろうとせず、何も明かされません。むき出しのセックスだけがすべて。

映画のラスト部分で、二人はたがいの名前や過去を知ることになります。自分たちには何ひとつ共通点がないという恐ろしい現実を突きつけられ、娘は男から逃げながらこう叫びます。

「あなたは頭がおかしいわ！」

これは極端な例ですが、知性や教養のない、情熱だけに駆られた恋愛がいかに危険なものかがわかると思います。

こうした情事には、支えとなるバックボーンが何もありません。現実に引き戻されたときに、バックアップしてくれるものが何もないのです。

チェンジ、チェンジ、チェンジ！

フランス女性は現実的です。彼女たちは小さな頃から、いつまでもおとぎばなしを信じないよう教えられます。愛や結婚について語る彼女たちを見ていると、ときにはシニカルに感じられるほどです。わたしはどちらでもかまわないのよ、というポーズをとっていたかと思うと、突然、狂ったように激しい愛におぼれる……そしてその愛を大げさに語る様子は、純情以外の何ものでもありません。この激しさが、男を夢中にさせるのです。

わたしたちだって、複雑な激しさを秘めています。突然気が変わって、予定していなかった行動をとることなどしょっちゅうです。自分でも驚くような行動をとることがあります。それでわたしたちの魅力はだいないしでしょうか？

とんでもない。こうした気まぐれは、男性の心を惹きつける、愛すべき魅力です。ただ、女性の社会進出のために努力してきたわたしたちは、こうした不安定さを自分たちの中から排除したのです。

でも、ラブ・ライフにおいても排除する必要はなかったのでは？　もともと女性にそなわっている資質ならば、仕事以外での多少の気まぐれが悪いはずはありません。それをマイナス面とは思わず、女性に与えられた素晴らしい特権だと考えてはいかがでしょうか？

同情的で感傷的だったかと思うと、突然冷徹なまでにロジカルで現実的になったっていいのです。わたしたちには右脳と左脳を同時にうまく使いこなすという、女性ならではの能力がそなわっています。その恩恵を享受しましょう。

フランス女性（というよりヨーロッパの女性）は、アメリカ人女性よりもずっと、感情豊かで情熱的でいることが〈許されている〉ように思えます。男性は、女性が女性であることの一部分として、その気分の変わりやすさを受け容れているように見えます。アメリカ人男性にもそうなってもらうには？　彼らを訓練する必要があります。その第一歩は、わたしたちが感情を表にあらわしながら、気分次第でクールに合理的にふるまうことです。

聡明な女はカッコイイ

わたしたちは経済的に困難な時代に生きています。自分で生計を立てていかなければならず、物価は高い。それなりの教育を受けたあとは、自分で自分を養っていかなくてはなりません。誰かが助けにきて、必要なお金を払ってくれるのを期待するなんて甘すぎます。それに、世の中の男性は（フランス人男性さえも！）、ある程度のお金を稼げるぐらいの知性を持ち合わせた女性を好むのです。

ロマンティックとはほど遠いと思われるかもしれませんが、どんな男性も、末永く一緒にいようと思う女性を選ぶ際にはかならず考慮に入れることです。いい生活をするためにお金を稼ぐ能力があって、家計を支えることができる知的な女性を求めているのです。

ですから、あなたの知性を押し隠す必要などありません。フランス女性はもちろん隠したりなんかしません。自分の世慣れた様子や知的好奇心が、男の心をとらえて離さないのを知っています。

男は、女を〈自分のものにした〉と思った瞬間から彼女への関心が薄れ始めることを、フランス女性は知っています。彼女を手に入れたと思ったときから、彼は彼女に飽き始め、追いかけるのをやめてしまう。だからこそフランス女性は、自分の夫に対してさえも、少しだけミステリアスな部分を残しているのです。たとえば毎日のルーティンを少し変えてみたり、新しい舞台を観にいったり、郊外でのコンサートに行ったり、というふうにです。

フランス女性は夫や恋人ぬきでの小旅行にもよく出かけます。彼女たちは夫や恋人との関係に〈もたれかかる〉ことなく、少なくとも精神的に自立しています。聡明な女性はマンネリを打破する方法を心得ています。髪型を変える（ウィッグをつけてもいいでしょう）、エキゾティックな料理をつくる、外国語を習うなど、ちょっと日常を変えるだけで自分への関心を取り戻すことができます。このような変化に、男は警戒します。彼女はまだまだミステリアスで、自分はまだ彼女を充分に理解していなかったのではないか。油断せずに見張っておかないと、もっと魅力的で積極的な誰かに奪われてしまうかもしれない、と気を引き締めるのです。

French Lesson

あなたが今コンタクトをつけているなら、一週間だけメガネに変えてみましょう。充分に予習をしたうえで、アートギャラリーに行ってみましょう。古典文学を読んだり、映画館に行って、独立系または外国の面白そうな映画を観ましょう。ハリウッドの大ヒット作品はＮＧ（少なくともしばらくのあいだは）です。書評を読んだり、最新の国際ニュースをチェックしましょう。芸術や文化、政治について、熱い議論を持ちかけてみましょう。意見を言う勇気を持ってください。セクシーで頭の切れる女になるのです。

第6章
フランス女性はボディケアを怠らない

強大なパワーをもつ肉体

ブザンソンをまわっていたとき、一軒の香水店《パフュムリー》に立ち寄りました。フランスにはこうした店が数多くあります。もちろん香水を売っているのですが、ほかにも健康・美容用品やスキンケア用品を置いています。薬局に行っても同じで、薬のほかにさまざまな香水、コスメ、クリーム、スキンケア用品が売られています。こういった店はいたるところにあるので、これらの商品はフランス女性にとってとても大切なものなのでしょう。

立ち寄った店には、〈Strixaderm-MD Experts en Réparation〉と書かれた広告がありました。わたしには言葉の意味がはっきりとは理解できませんでした。Strixadermはおそらく化粧品会社の名前で、商品には何か薬効があって、皮膚を修復してくれるらしい、ということがかろうじてわかる程度でした。わたしが衝撃を受けたのは、広告のビジュアルです。まず、ヌードのとても美しい女性。彼女は銅像のように巨大で、身じろぎもせずそこに静かに座っています。そこに、メガネをかけて白衣を着た、研究者ふうの小さな男たちが何人もあらわれ（みんなそっくりの顔をしています）、彼女の体で〈作業〉しているのです。

女性は女神のように美しく、その肌は非の打ちどころがありません。むき出しの腕、肩、脚、お尻、腰はすべて完璧で、目を奪われてしまいます。白衣を着た小さな男たちは、それぞれの持ち場に散り、彼女の肌をやさしく〈修復〉しています。彼らは彼女を美しくするためにそこにいるのです。

この広告はわたしに、スペインの映画監督ペドロ・アルモドバルの傑作『トーク・トゥ・ハー』を思い出させました。その映画には夢の中の場面があり、太った男がある女性と激しい恋に落ちたあと、体重が減り始める。でもしばらくすると、彼は実は痩せていったのではなく、どんどん縮んで小さくなっていることがわかる。彼女への愛の力が、彼をどんどん縮めていってしまうのです。この夢のシーンの終盤に、ミニチュアのように小さくなってしまった彼は、最後に愛する人のヴァギナの中に入り、永遠に消えてしまいます。まるでフロイトの夢判断のようですが、アルモドバルの映画では不思議な、胸が痛むような、そしてとても感動的なシーンでした。女性の体がいかに畏怖の念を起こさせ、信じがたいほどパワフルで、それだけに危険なものであるかがよく描かれています。

人生には、女であるがゆえに理不尽な思いをするケースがあります。性的虐待やレイプやセクシャル・ハラスメントはフランスにだってもちろん存在します。でも、フランスじゅうを旅して感じるのは、女性の美しい体つきが発するパワーを、ただ純粋に愛し称賛する雰囲気が圧倒的に強いこと。そう、十五世紀の聖人にしてフランス国民のヒロイン、ジャンヌ・ダルクを忘れてはなりません。彼女の人間離れした洞察力に感化されたフランス軍は、まだ十代の少女だったジャンヌに導かれて勝利を勝ちとったのです。
フランス女性は、自分のパワー、とりわけ自分の肉体がもつパワーを自覚していま
す。

悪魔と天使を飼いならす

フランスはデカルト的な考え方が強い国で、自己意識の力が強く信じられているのです。フランス女性は情熱的な一方で、自分の肉体の限界を自覚しています。彼女たちは行動する前に考える人たちです。

ミレイユ・ジュリアーノの素晴らしい本『フランス女性は太らない』（原題French

Women Don't Get Fat）には、彼女たちがいかに食べることを愛しているかが書かれています。彼女たちはきちんと下ごしらえのされた、新鮮でおいしい、良質な食べ物を好みます。良質で新鮮な、きちんとした食べ物にこだわる理由は、自分を大切にしているからです。そして、少量だけ、よく味わって食べます。物質的なことより、精神的なことを重視するのです。

精神的なことと物質的なこととの葛藤は、つねにつきまとってきます。アメリカ人女性にとっては、こんな感じではないでしょうか？　片方には悪魔がいて「そのチョコレートケーキを食べてしまいなさい」と耳元でささやき、もう片方では天使が「いいえ、野菜スティックにしておきなさい」と言います。この内面的な葛藤がエスカレートすると、わたしたちは厳格なダイエットと暴飲暴食を繰り返すことになります。あるいは買い物中毒になって、必要のない服を山のように買いこんだかと思えば、クレジットカードをすべて解約して何ひとつ買わなくなるとか。こうした葛藤もまた女性であることの一部で、誰しも経験があるでしょう。

フランス女性はこの葛藤の中でもバランスをとろうとします。おいしい食事を少しだけ味わって楽しむことで、自分の中の〈悪魔〉と〈天使〉を飼いならしているのです。

心と体を切り離す

清教徒的な潔癖主義が時にわたしたちを苦しめることがあります。心とは裏腹に体が一人歩きをしてしまい、その一人歩きがわたしたちを苦しめるのです。これは食べることだけでなく、男性との関係についても言えます。

時には行きずりの男を〈手っ取り早く〉ベッドに誘いこむのは、フランス人もアメリカ人も同じ。それはぬくもりと快楽への衝動を満たしてくれるもの。そう、セックス。オルガズム。欲望の解放。

手っ取り早いセックスについて、彼女たちとわたしたちとの大きな違いは、わたしたちのほうが相手に心惹かれ、好きになってしまう確率が高いことでした。

あるフランス女性の言葉を紹介します。


この人と長くつき合いたいと思ったら、彼が望むものをすぐに差し出したりはしないわ。一夜限りの相手なら……すぐに寝るけど。真剣に交際したい男なら、もっと自分の魅力を見せつけて、相手には忍耐づよく待ってもらうわ。欲しいものをす

ぐ手に入れてしまったら、男はそれで満足してしまうから。

なんと現実的、そしてなんとフランス的なんでしょう！　真剣に交際したい相手はじらして待たせ、セックスだけの相手とは欲望のままに堪能する。この二者の区別がちゃんとできて、一夜だけの相手とはそれ以上の関係になろうとしないのが、わたしたちとは違うところ。

アバンチュールはその場の欲望を満足させてくれるけれど、本当の意味での満足は与えてくれないし、長つづきするものでもない。成熟したフランス女性はその現実を理解しているのでしょう。

ボディケアに時間をかけましょう

ボディケアやスキンケアは、フランス女性の毎日のルーティンの一部です。

フランス人男性は、女性がボディケアにどれだけ時間をかけようと文句は言いません。むしろ、彼女と一緒に暮らすことの神秘と喜びだと思っています。

フランス女性はボディケアには時間をかけますが、髪にはわたしたちほど手間をかけません。毎日のシャンプーとブローとセット、というような手入れはせず、ごくナチュラルな髪型にしています。

わたしみたいにフランス人ではない夫をもつ身としては、バスルームでたっぷり時間をかけてのケアは、けっして男たちの理解を得られないような気がします。ボディケアをすることが幸福のために欠かせないのだということを、どうやって彼に説明すればいいのでしょう?

わたしたちはずっとセクシーだったんです

一九六〇年代、わたしたちはベトナム戦争に反対し、三十歳以上の人間は信用しないと決め、完璧に〈ナチュラル〉でいることを望みました(ナチュラルが何を意味していたかはともかく)。実際にはどうだったかというと、母親たちの世代を象徴するフワフワした髪型やふっくらしたクリノリンのスリップなどはすべて拒否。ブラを脱ぎ捨て、体じゅうどこもかしこも、毛という毛は伸び放題。

一九八〇年代に入ると、わたしたちはMBAを取得し、就職しました。昼間は肩パッド入りのパワースーツを着て仕事、夜のディスコでは下着をふつうの服のように着、マドンナみたいなハイヒールにガーリーなくるぶしソックスをはいていました。

そして一九九〇年代にはビクトリアズ・シークレットの世界を知り、ちょっと技巧をこらすのも悪くないと思うようになりました。

これらすべての時代を通じて、わたしたちはずっとセクシーだったんです。巨大な肩パッドの入ったスーツを着て、学位付きのクォーターバックみたいな姿で仕事をしていたときも、男たちはわたしたちをセクシーだと思っていたのです。男は基本的に、女が自信にあふれ、美しく幸せで、素晴らしいセックスができるなら、彼女のすることを肯定的に見てくれるもの。つまり、あなたがフランス流に入浴時間を長くしても、そのぶん寝室で彼と過ごす時間も長くなるなら、彼もその習慣の恩恵を理解し、受け入れてくれるでしょう。

これは本当です。

当の女性本人が長々とバスルームにこもったあげく、泣きそうな顔で出てきてこう言うのこそ問題です。「この服、太って見える?」

何かを消費することで変身しようとする。この風潮にどっぷりつかっていると、こういうことが起こるのです。アメリカ特有のシンデレラ神話の醜い部分でもあります。高いクリームを買ったり、スピード痩身プログラムを始めれば、最後は幸せになれる、セクシーになって男にもてると思っている。問題は、完璧だとされる理想像が、自分とあまりにかけ離れていることです。これでは大量消費文化の思うツボです。永遠に手の届かない理想像をかかげれば、わたしたちはもっとたくさんのモノを買い、理想を追い求めて走りつづけるしかありません。

実際には、男性はあなたの欠点なんか気にしてはいない。あなたを愛している男だったら、なおさらです。あなたが欠点だと思いこんでいるだけなのです。わたしたちが外見のことで大騒ぎしたり、気にしすぎたりすると、男性がイライラし始めるのはそのためです。

美容のためのルーティンを見直してみましょう。バスタイムに自分の欠点をおさらいして落ちこむのではなく、フランス女性のようにやってみましょう。朝のバスタイムを、自分を好きになり、自信をもつために使うのです。

素晴らしい香りがするアフターバス・ローションを買って、ゆっくり時間をかけて入浴してください。自分の体をよく知ってください。裸になって鏡の前に立ち、自分の腰のくびれや体のラインを好きになってください。これを数カ月間つづければ、あなたの恋人や夫にも結果が見えてくるはず。自分の体を好きになったあなたは、今までよりずっとセクシーに、快活に、そして魅力的になっているのですから。

熱いシャワーで一日を始めるのも素敵ですが、時間があるのなら、湯船につかってください。香りの良い石鹸を買い、アフターバス・ローションはかならず使いましょう。髪の手入れに使う時間を減らして、ボディケア、スキンケアの時間を増やしてください。自分をネガティブにとらえるのはやめて、ポジティブになりましょう。家の中では可能な限り裸で過ごし、自分の体をよく知り、好きになりましょう。すごく色っぽいランジェリーを買いましょう。

最後に、楽しむときは心ゆくまで楽しんでください。フランス女性が言うように「楽しんで悪いことなんか何もない」のです。時間をかけてはぐくんだ愛に向かってのぼりつめてください。

第7章

フレンチ・コネクション・ランジェリー

上下お揃いのランジェリーがもつパワー

アメリカにはビクトリアズ・シークレットという有名ブランドがあるだけに、わたしたちも時々はセクシーなランジェリーを身につけます。特にロマンティックな夜などには。ところが、フランス女性は毎日セクシーなランジェリーをつけています。

事実、わたしがインタビューした女性全員が、良質なランジェリーがいかに大切かを強調しました。それ以上に驚きだったのは、ブラとショーツが〈上下揃っている〉ことへの思い入れ。彼女たちによれば、ブラとショーツはかならずお揃いでなければならないとか。そのために、ランジェリーを買うとき、ブラ一枚に対してショーツを三枚購入するそうです。わたしがお揃いでランジェリーをつけるのはたまにしかないと言うと、フランス女性は首を振り振りこう嘆いたものです。「どうしてそんなことができるの？　左右で違う靴を履くようなものじゃない！」

上下お揃いのランジェリーが、なぜフランス女性の自尊心と関係あるのでしょうか？　フランス・ランジェリー連盟のウェブサイト〈Fédération Française de la Lingerie〉にそのヒントがあります。サイトに掲げてあるデザイン・コンセプトは「享楽的で、要求水準の高い、自由な女性、自分らしくありながらも魅力的であることを忘れない女性をターゲットにしています。内面的な美しさを表現し、心と体を融合させてくれるようなランジェリー、女性にエレガンスと幸福感をもたらすランジェリー、女性が美しさに輝き、自然なセクシーさを演出できるようなランジェリーを目指しています」

アメリカでは、商品を売るための宣伝文句に「心と体を融合させてくれるような」などという言葉を使うことは考えられません。この言葉が本当なのかどうかはともかく、それを望んでいるということ自体が真にフランス的です。わたしたちもそうありたいと思いませんか？　それにはやっぱりランジェリーが役に立つのです。

フランス女性は、良質のランジェリーが大好き。それは心地よい、ひそかな贅沢です。彼女たちがランジェリーを買うのは夫や恋人のためだけでなく、自分のためでもあります。上質のランジェリーは女性をセクシーな気分にさせ、自信をもたせてくれます。特別な日のためだけにとっておくのはもったいない。ランジェリーに限らずフランス人は、上等なものをお客様や特別な日のためにとっておく、という考え方をしません。

勝負下着の皮肉

セクシーな黒レースのテディを買って、いざという日の勝負下着としてしまいこんでおく。忙しさにかまけて下着のことなんか忘れてしまい、ある日引き出しの奥から黒のテディが出てきたときにはもう、あなたにはつき合って三カ月の恋人がいて、すでにパジャマ姿で家の中をうろつく関係になっている。今さら彼の前でこんな下着をつけるわけにはいかない。逆に、ほかに男ができたのではと疑われてしまうかも……。

あなたにはこんな経験ありませんか？ いざという時のために、素敵なものをしまいこんでしまうデメリットはここにあります。それが下着であっても、おばあさまからもらった銀のティーセットであっても、所有していることすら忘れてしまうのです。〈ふだん用〉のものばかり使うことに慣れてしまうと、わたしたちの自尊心までしぼんでいくようです。ふだんから、上質で美しいものに囲まれて悪いはずがありません。上質なものを楽しみながら使っているうちに、自分はそれにふさわしい人間だと思えるようになります。自信もついてきます。だいいち、上質なものはわたしたちを快い気分にさせてくれます。

ランジェリーは外からは見えませんが、美しい下着をつけていれば自分自身、気分がいいし、それはなぜかまわりの人にも伝わります。大切なのは毎日上質の下着をつけて、自分の色っぽさを再発見すること。誰もあなたに点数をつけたりしません。自分だけの秘密にしておけばいいのです。

ふだんは色気のないコットンの下着なのに、特別な日にはコルセットにレザーのロングブーツにボンデージ風ブレスレットをつけるような、極端に走るのはやめましょう。いくらその日、色っぽい格好をしても心のどこかで矛盾を感じつづけ、本当の心地よさは得られないと思います。

問題はブラにあるのではない

ブラ自体は、それをつけている女性ほど重要ではありません。上下お揃いのブラとショーツ、セクシーなストッキング、シルクのキャミソール——これらはすべて、目的を果たすための手段にすぎないのです。自分の内にあるセクシーさに気づき、自信をもち、快適に過ごすためにあるのです。

アメリカ在住のフランス女性からきた電子メールを紹介します。


ランジェリーは重要なアイテムですが、それがすべてではありません。わたしはたまにノーブラで外出します。称賛の目で見られますから。

フランスでは女性の年齢や趣味によって、購入するランジェリー・ブランドが違います。わたしはフリルいっぱいの下着があまり好きではないので、プリンセスタムタムか、ビクトリアズ・シークレット派ですね。

ワンダーブラをすることもありますが、それが何より大事というわけではありません。胸を大きく見せたからって、何かが変わるとも思えません。だって、彼がその下着を見るときにはもう同じベッドの中なんですもの！


オンラインショッピングを活用して、こんなブランドを試してみてください。

DIM、オーバドゥ、プリンセスタムタム、バルバラ、ラ・ペルラ、クーカイ、そしてビクトリアズ・シークレット。

DIMは〔DIM UP〕というガーターなしではける素晴らしいストッキングをつくっています。はき口の裏側にシリコンがついていて、腿からずり落ちないようになってており、おまけにとてもはき心地がいいのです。色のバリエーションも豊富。セクシーなうえに実用的なので、フランスではとても人気があります。

ファム・ファタル

femme fatale〈ファム・ファタル〉たいてい妖婦と訳されます。アメリカでファム・ファタルというと、わたしは即座に映画『氷の微笑』のシャロン・ストーンを思い浮かべます。でもフランスでは違うみたいですね。ファニー・アルダン、エマニュエル・セニエをはじめとする、強者の女たちの歴史があるからでしょう。

フランス人が考える典型的なファム・ファタルとは、魅力的で色っぽい女性です。そう、そして危険な香りのする人。その、いたずらっぽくてミステリアスな雰囲気こそが、彼女をより魅力的に見せるのです。男にとってはたまらない存在、多くの男は彼女の魅力に屈服し、ひざまずいて彼女の命令に従うでしょう。古い映画や小説では悪女や魔女のように扱われることもあります。

現代のファム・ファタルは、ランジェリーの広告に数多くあらわれます。黒いレースの下着とコルセットという姿。乗馬用の鞭を握った挑発的なポーズに、男たちは少しだけドキッとするに違いありません。

フランス人は、こういうことに関してはとても〈オトナ〉です。SMとセクシュアリティについても、アメリカ人みたいに「まあ、ちょっとわいせつすぎない？」などと、子どものように騒ぎたてたりしません。セクシュアリティのもつ圧倒的なパワーをリスペクトしているからです。

リルの百貨店ギャラリー・ラファイエットのグランドオープニングに行ったとき、メインフロアにあるランジェリー売り場には本当に驚かされました。

いくつかのマネキンにはSM風の衣装が着せられ、ひとつは乗馬用の鞭、ひとつは顔にマスクをつけ手首にはチェーンが巻かれていました。色々見ながら歩いていると、隅のほうに、趣味のいい大人のおもちゃがディスプレイされているのに気がつきました。

デパートに大人のおもちゃとは！　たしかにひっそりと置かれていたし、見た目も可愛いかったのですが、それにしても……。

女には口実が必要

どうしてミステリアスでいることが大事なのでしょう？　どうしていつも上質のランジェリーをつけ、色っぽさを意識しながら服を選ぶことが大事なのでしょうか？　それは、それらがあなたの〈隠れみの〉になってくれるからです。あなたの本当の目的は何なのかを、相手の男に知られる必要などないからです。これはすべて、愛の段取りなのですから。

男性がうっすら意識する程度に、少しだけセクシーな格好をする。彼には、あなたの服装の意図がわからない。あなたが彼を意識していることを、彼に知られてはいけません。

ロマンスを意識しながら毎日の服選びをすれば、官能的なあなたと日常のあなたが融合しはじめます。歩き方も変わってくるでしょう。ランニングシューズやサンダルではなく、ちゃんとしたヒールの靴を履けばなおさらです。フランス女性もスニーカーを履きますが、最新流行の、ちょっと変わった色のものに限ります。それがファッションの流儀です。それ以外は、黒か茶色の、上質のヒール靴を履きます。

世の中すべてがステージなのです

男でも女でも、衣装はその人をあらわします。本の表紙を見て、だいたいの内容を判断するのと同じ。突き詰めると、あなたの着ているものが、あなたが自分自身をどのようにとらえているか、そしてあなたが今仕事中なのか、カジュアルな集まりに向かう途中なのか、まじめなイベントに参加するところなのかをあらわしているのです。衣装や服の背後にある意味を解説した本は数多くありますが、階級や社会的地位を示すために服が使われてきたことは疑いの余地がありません。舞台や映画では、衣装は役者が演じる役柄を示すために使われています。

服は、一種のファンタジーともいえます。服は、遠い記憶を呼び覚ましてくれます。たとえば昔ながらのガードルとガーターストッキングを見ると、母が朝の着替えをするシーンが突然浮かび上がってきます。ドレッサーの前に座って、ストッキングのシーム部分が真っ直ぐになるように直している母。ドアの陰に立ってそれをこっそり眺めながら、大人の女性の神秘的な朝の習慣に心を奪われている、六歳の自分……。父親のネクタイのコレクションの記憶も、よみがえります。さまざまな色と布地。

父はネクタイを捨てようとしなかったので、太いのから細いの、素材もウールやらシルクやら、色々あったのを思い出します。しょっちゅう締めているタイもあれば、しているのを一度も見たことがないものもある。どうしてかしら？　小さな犬の柄がちりばめられたネクタイはどこで手に入れたのかしら。犬好きの人からのプレゼント？　それとも、母と結婚する前につき合っていた恋人からもらったものかしら？　一本一本のネクタイが小さなミステリー。それぞれに物語があるのです。

高校の親友の服装も絶対に忘れられない思い出です。カトリックの女子高生風の赤い格子縞のスカート一面に、巨大な安全ピンがたくさんつけられていたっけ。彼女は髪をピンクに染め、舌にピアスをしていました……。

大学に行っている姉のところに遊びに行ったときのことも思い出します。姉はボルチモアの古着屋さんで買ったという、ワンピースを着ていました。それは一九五〇年代につくられた赤いシルクのタイトドレスで、それを着た姉は大学の二年生というよりは『熱いトタン屋根の猫』に出たときのエリザベス・テイラーみたいに見えました。一緒に軽食堂に入り、コーヒーとパイを食べながら、姉は建築学科の学生と恋に落ちたこと、今週土曜日の夜ひらかれるパーティにこの赤いワンピースを着ていくつもりだということを話してくれたのです。そしてあれから何年もたった今、姉はあのときの建築学科の学生と結婚してサンフランシスコに住んでいます。

服が語りかけるもの

服には人を魅惑する力があること、ふさわしい服の組み合わせには幻想を呼び起こす力があることを、フランス女性は理解しています。それがクラシカルでシンプルな組み合わせでも、オリジナリティあふれるものであっても（エキゾティックとか、特定の年代風とか）、彼女たちは着ているものを使って魔法を編みだしながら、相手の男の潜在意識をやさしく刺激します。可能性と冒険、そして未知で禁断の何かを、さりげなく相手に約束するのです。

あの素敵な編み上げタイプのアンクルブーツを思い浮かべてみてください。ちょっぴりセクシーな面白いブーツね、とあなたは言うかもしれませんが、そのブーツが男にもたらす効果は、あなたもわかるはず。そう、ボンデージへの幻想です。

そうでなければ、イーディス・ウォートン（十九世紀〜二十世紀の米国の小説家）の小説に出てくるような、ヒロインが馬車から降りるときに、ギャバジン製のロングドレスの裾からチラッと見えるアンクルブーツ。

どんな服も何かを示唆したり、文学的、文化的な連想をさせることが、これでおわかりでしょう。服やジュエリー、香水、ランジェリー、アクセサリー類には、より深い、言葉にできないほどの感情を呼び起こす力があるのです。

フランス女性はそれを知っています。シンプルな黒のワンピースの下に隠れた赤いスリップが、男にどれほど強烈な印象をもたらすかを。男は赤いスリップを目にする必要すらありません。そこに隠れていると思うだけで、効果は充分なのです。

下着と霊感

実際に見なくても、男には霊感がはたらくのです。

だったら、あなたがやるべきことはカンタン。そのことを忘れずに意識しておくことです。その日着る服を選ぶときには、シンプルを心がけてください。ジーンズかベーシックな黒スカートに白いシャツを着るか、クラシカルな黒のワンピースがいいでしょう。そして、幻想を呼び起こすような何かを、ひとつだけ加えるのです。蚤の市で買ったモロッコ風のネックレスをつければ、彼は異国の旅を連想するでしょう。透明感のあるシルクのスカーフを腰に巻けば、ハーレムを想像するかもしれません。古い映画の雰囲気たっぷりに、黒ストッキングにエナメルのブーツを履けば、ちょっとしたSM気分です。バックル付きのセーターを着てパールのロングネックレスをすれば、キャバレーの歌手風。サングラスをかけてオーソドックスなトレンチコートを着たら、彼は探偵を連想するでしょう。

基本的には、劇場での舞台衣装のように服を選んで、特定の雰囲気をつくり出すのです。フランスは劇場型の文化をもった国。ここではさりげなさが重要なカギです。特定の幻想やキャラクターや時代を事細かに表現してしまったら、ゲームはだいなし。衣装選びや雰囲気づくりには細心の注意を払わなくてはいけません。

まずはベーシックな衣装を揃えるところから始めます。上質のランジェリー、シンプルなスカート（無地のものを中心に）、ジーンズ、ワンピース、パンツ、そしてトップス。

これらが揃ったら、つぎはファッションにテーマをもたせ、あなたの個性を引き立てるためのもの——セーター、スカーフ、ジュエリー、ジャケット、ベルト、ブーツ、靴を。

あなたが選んだアクセサリーはあなたの〈定番ルック〉の一部になるかもしれません。そして自分の定番ルックができたら、そこから突然イメージチェンジすることで逆に男を惹きつけることができます。これを覚えていてください。

男を惹きつけるカギ

変化をつけることがどれだけ効果的か。これについては、フランス人の友人マリー＝ジョエルが証明してくれています。彼女は大変美しい女性ですが、季節とともに香水も変えるとのこと。夏がくれば料理も軽いものをつくる（野菜を多くし、サラダや冷たいスープを食べる）のと同じく、気温の上昇とともに香水も軽い香りのものに変える。フランスを訪問して毎日のように彼女と会っていたあいだ、彼女の雰囲気が毎日変わることに、わたしは感嘆したものです。ある日はロマンティックで甘い雰囲気の、ベルベットの膨らんだスカートをはいていたかと思えば、別の日にはヒップホップ・アーティストのような大きくてごついゴールドジュエリーをつけ、イカしたパンツをはき、コンバースの金色のスニーカーを履いている。そう、金色のコンバース。そして彼女の冒険は大成功。本当に魅力的で、かっこよくて、美しかったのです。

彼女にとっては、毎日が何らかの役を演じてみせるチャンス。今までと違う格好をして、新しい自分を発見する。それを本当にさりげなくやってのけるので、年下の彼女の夫は（そして彼女が住む小さな町のほかの男たちも）彼女に夢中です！

ロマンスのために服を選ぶ、季節や気分によって身につけるものを変えるのは、なにもフランス女性の専売特許ではありません。アメリカ人女性も舞台女優のような一面があります。セクシーな演出だってできるのです。わたしたちはキャリアのため、ビジネスウーマンとして装うのは得意です。ということは、フランス女性に近づくためには、キャリアではなくロマンスを意識して服を選べばいいのです。

仕事に行くときも家にいるときも、ふだんの買い物に行くときも、ロマンスを意識しましょう。わたしたちが望みさえすれば、ロマンティックなことは毎日の生活にたくさん存在しているのですから。

成功のために服を選ぶ、という考え方を見直してみませんか？　女性にとっての成功とは何かを問い直してみましょう。それは、自分の心や体に気をくばることです。成功した気分になれるだけでなく、セクシーな気分にもなれる服を着ましょう。

いつだって誰かに刺激を与えられる

自分では気づいていないかもしれませんが、あなたはいつだって誰かに刺激を与え、その人の生活をより充実したものに変えることができるのです。自分では気づいていなくても、あなたは誰かのお手本になっています。

自分では気づかないうちに、年下女性の目標になっている可能性だってあります。ですから、自分のためとか、夫や恋人のために外見に気を遣う気にならなくても、つぎの世代の人たちのためにおしゃれをしましょう。

コットンのおばさんパンツをやめて、上質なランジェリーにお金を使いましょう。ブラ一枚につき、ショーツは三枚買いましょう。かならず上下お揃いで身につけること。

近所のドラッグストアにハイヒールを履いて出かけましょう。ヒールでも美しい姿勢で立ったり歩いたりできるように練習しましょう。

クローゼットをのぞいて、ベーシックでオーソドックスな服と、おしゃれな服や小物類とを分けましょう。小物類はかもし出す雰囲気ごとに分類し、シンプルでベーシックな服と組み合わせることで、ドラマティックな雰囲気を演出しましょう。単に性別が女なのではなく〈女らしい女〉であることを意識して。それだけで、すべてが違ってきます。

自分らしくいるだけで、人に刺激を与えたり、誰かの人生を変えてしまうことだってあり得るのです。あなたはお手本であり、モデルでもあります。あなたにあこがれている人のためにもおしゃれをしましょう。

第8章 取り巻きのパワー

コトリーの存在

自分の住む世界に積極的にかかわり、それを楽しんでいる女性ほど魅力的な存在はありません。

どんな女性にもcoterie〈コトリー〉は必要です。コトリーとは男女がいりまじった仲よしグループのことです。仲間、あるいは取り巻きと言ってもいいかもしれません。フランス人がこのようなグループを必要とするのはなぜでしょう？　社交的な生活ができるからです。仲間にほめられていい気分になり、色々な人と交流して楽しむためです。コトリーがいれば、スケジュールは予定で埋まり、色々な人から見られるチャンスも増えます。

フランス女性はコトリーの大切さを本能的に理解しています。自分を称賛してくれる取り巻きに囲まれていれば、より多くの人を惹きつけることができることを知っています。特に男はとても競争心の強い生き物。人が持っているものが欲しくなる性質があります。

あなたが何人かの男から注目されているように見えるだけで、もっと多くの男たちがあなたの後を追うようになるでしょう。

イゾーアというフランス人の女性は、十代の頃に観たふたつのホームドラマについて話してくれました。タイトルは『エレーヌと少年たち』と『蜜と蜜蜂』。蜜であるところの女の子と、そのまわりを飛び回っている蜜蜂つまり男の子のドラマです。どちらのドラマも、コトリーを中心として物語が展開していきました。ひとつは主人公のエレーヌと、男の子三～四名のグループ。もうひとつは女の子二～三名と、彼女たちに惹かれる男の子たちのグループ。イゾーアによれば、こうしたグループがあることはきわめて自然なことで、彼女自身も仲よしの男の子たちとのグループがあったとのこと。彼女はテレビドラマを真似して、そのグループを〈わたしの男子たち〉と呼んでいたそうです。

コトリーのグループ交際はフランス人のあいだにあまりに深く染みこんでいるため、彼らはその存在をほとんど意識していないほどです。でも、なぜフランス人は一対一のデートをあまりせず、男女のグループで交流するのを好むのかをきいてみると、コトリーの存在がはっきりと浮かび上がってきます。

フランス女性は、グループ交際こそ自分を最も魅力的に見せてくれる方法だということを知っています。ちょっとぐらいセクシーな格好をしても、勘違いする男性はいません。そう、彼はじっくりと周囲の様子を見ながら、ほかの男たちと競争しなければならないのです。そして、女性のほうは彼が本当はどんな人間なのかを観察することができます。本気で自分を口説くつもりなのか、それともさっさとあきらめて別の女性に関心を向けるつもりなのか。

グループ交際の中で複数の男から注目され、さまざまな恋愛の可能性に囲まれているフランス女性のほうが、ずっと自信をつけることができるのです。

フランス女性はコトリーで交流する

わたしたちが一人の男性と三時間のデートをするか、女だけの〈女子会〉を開くかのどちらかなのに対し、フランス女性は男女の仲よしグループ――コトリーで交流します。自分を称賛してくれる男たちに囲まれている姿を色々な人に見せることが、大きな効果をもたらすことを知っているからです。男は追ったり追われたりの男女の駆け引きが大好きだということも心得ています。

男は、取り巻きに囲まれた女性を見ると、何か素晴らしいものを逃してしまったような気分になり、競争心がわき起こってくるものです。ほかの男が見つけたものをめぐって闘おうという闘志が、彼の背中を押すのです。でも、いきなりアタックはできません。もし彼女にすでに恋人がいたら、いきなり口説くことで相手の男を怒らせてしまうかもしれない。彼はまず取り巻きになることから始めようとします。
フランス女性は、コトリーによる交際の重要性についてこのように説明しています。

コトリーの男の子たちとは軽口をたたき、ふざけ合って、楽しく過ごしているけれど、水面下での緊張感みたいなものがあるかも。いつものメンバーだけで過ごしているわけではなくて、メンバーの誰かが連れて来た友人がいたり、ほかのグループと交流することもあるから。コトリーの男子みんなが自分を称賛しているとは限らなくて、ただの仲よしという場合もある。だけど、みんなわたしに自信をもたせてくれるわ。人脈を通じて、色々な人たちと交流して色々な人たちとつき合うのよ。

国民レベルの娯楽

フランス女性は、あまりよく知らない男性と恋愛関係になることはめったにありません。恋人との出会いは、家族や友人を通じてという場合が多い。高校や大学で知り合ったというケースもたくさんあります。それ以外の出会いの場は社交クラブや趣味の同好会、旅行、パーティ（パーティはしょっちゅう開かれています）、オープニングイベントや映画クラブ、それに職場です。

そのような場所に行っても、フランス女性はすぐに理想の男性を探しはじめるということはせず、時間をかけて複数の男性と知り合いになります。このときはまだ、自分のことは明かしません。既婚、未婚、離婚歴あり、恋人あり、恋人なし、恋人はいるけどうまくいっていないなど、何もオープンにしません。そして、まなざしと控えめな微笑みでさりげなくふざけながら、相手の反応を見るのです。

これは恋愛プロセスの中でもとても重要です。なぜならフランスでは既婚、未婚、恋人のあるなしにかかわらず、誰もがふざけ合っているから。これは国民レベルの娯楽なのです。それがわかっているので、フランス人はあせって前のめりになったりせず、しばらくたがいの様子をさぐり合うのです。これはとても理にかなったやり方です。

自分のコトリーを持つ

フランス女性は自分のコトリーを持つことで、心の中に自分を守ってくれる、それでいてきわめて風通しのいいフェンスを張りめぐらせています。ですから、彼女に本当に興味を抱いた男は、彼女を誘い出すために一生懸命努力しなければなりません。でもふだんからグループで行動することが多い彼女は、いつもほかの男たち（そして女たち）に囲まれていて、一人でいることがめったにありません。彼はひたすら待ち、チャンスがあればアプローチをし、辛抱づよく行動し、彼女の注意をひくためにほかの男と競争しなければなりません。

コトリーのメンバーより目立つためには、たとえば彼女がどんな本を読んでいるかをきいて、同じ本を読むかもしれません。そうすれば、もっと個人的な、踏みこんだ話ができる可能性があります。彼女が話題にしていた映画のことをよく調べておき、一緒に観に行きませんかと誘ってくるかもしれません。

こうした下準備には時間と、不屈の精神が必要です。彼女に本気で関心がない男だったら（もしくは、手っ取り早いセックスがしたいだけの男だったら）、ここまで手間暇はかけないでしょう。

もし彼が去って行ったとしても（コトリーが男女の友人グループであることを考えると、その可能性は低いのですが）、何も失ったことにはなりません。彼女には自分のコトリーがあり、取り巻きたちが彼女をいい気分にさせ、交流の場をつくり、彼女の自信と魅力をアップさせてくれるのですから。

助け合うシステム

このコトリーというシステムは残酷に思えるかもしれません。「だって、その男がもし本当に自分を好きだったら？　なぜ彼にそこまで我慢させるの？　もし彼を好きじゃないのなら、気をもたせないでさっさと彼を放してあげればいいじゃない？」

フランス女性は、自分のコトリーのメンバー全員の手助けをしている、というのが本当のところです。自分に関心を抱いてくれる男性に、自分自身は興味がなかったとしても、コトリーの中の別の女性が彼を素敵だと思うかもしれません。そして軽くふざけ合い、グループで交流しているうちに、その彼もまたみんなから観察されるというメリットがあります。コトリーのほかの女性たちにとっても、取り巻きに囲まれて脚光を浴びている様子を彼に見せることができます。

たがいをよく知らない男女が一対一で陰気にデートするよりも、グループでつき合うほうがずっと楽しいということを、フランス女性はわかっているのです。

サイバー上のコトリー

多くのアメリカ人男性が、インターネットを使ってコトリーづくりをしています。ネット上で何百人もの女性たちと〈出会い〉、それを四十人程度にまで絞りこんでから、やり取りを始めます。この女性たちは男のサイバー上のコトリーということになり、男は電子メールや電話を通して個々の女性をよりよく知ることが可能です。特定の女性と実際に会うまでに半年以上かけることも珍しくありません。

この方法によって、アメリカ人男性は食事や映画にお金を使うことなく、サイバー上で〈デート〉することができるのです。メッセージを書くことによって、一種の親密さを演出することもできます。そしてついに現実の彼女と顔を合わせる時がくれば、彼はすぐさま彼女に寝ようと提案できるというわけです。何しろ〈知り合って〉からもう半年もたつのですから。

こうしたサイバー上のコトリーには問題がひとつあります。女性側がいまだに〈孤立〉してしまっていることです。

彼女は、彼がサイバー上でデートしているほかの女性たちを〈見る〉ことができないし、彼のほうも、サイバー上で彼女にアプローチしているほかの男たちを〈見る〉ことができない。すると親密さは間違った方向に行ってしまい、彼は自分が彼女の唯一の男で、ライバルはいないと誤解してしまうのです。

実際に会ってみると、現実にはコトリーはなく、二人のあいだには本当の意味での歴史もなく、じっくりコミュニティづくりをするきっかけもない。彼はほかの男たちが彼女を見つめ、声をかけるところを見たことがないし、自分のほかに彼女に注目している男がいるかもしれないとも思わない。男女の友人グループを通じて知り合うのとくらべ、女性側のパワーは格段に落ちてしまうのです。

インターネットを利用したこのシステムはよくできていて便利に見えますが、最終的にはグループ交際のほうがいいのは間違いありません。

情事は蜜の味

フランス女性も〈アバンチュール〉を楽しむことはありますが、アメリカ人女性のようにそれについてあちこちでしゃべったりはしません。多くの場合、アバンチュールは彼女の〈秘密の花園〉にしまいこまれ（秘密の花園についてはまだ後ほど）、彼女だけの秘密のままです。

あるフランス女性などは、知り合って十年以上もたつ女友達から、つい最近になってやっと、もう五年以上も既婚男性との不倫をつづけていることを打ち明けられたそうです。

フランス女性は〈秘密の情事〉に溺れたとしても、コトリーからは離脱しません。交流の輪から外れてしまうことはないのです。

めぐりゆく愛

フランス女性は、アバンチュールに関しても現実的です。たがいに夢中だった当初の熱が冷めてしまうと、彼女は自分のコトリーを使って自信を高め、周囲の人たちと交流し、自分を見せびらかしながら、つぎの相手を探しはじめるのです。コトリーのメンバーが候補にあがった場合は、じっくりと時間をかけます。彼とは同じグループでいつも顔を合わせているのですから、事を急ぐ必要はありません。時間をかけておたがいを惹きつけ合い、じょじょに性的興奮を高めていくなんて、すごく官能的でしょう？　時間をかけたぶんだけ、ついに結ばれたときの快感と喜びは大きくなるのです。そして食事でもワインでもセックスにおいても、フランス女性が大切にするのは喜びであり、〈情熱〉なのです。

彼女たちに言わせれば、待っている時間が長いほど、愛は真剣で長つづきするものになるのです。彼女たちは、アバンチュールと、もっと真剣で中身のある恋愛関係との違いをわかっています。前者は即座に満足を与えてくれる。後者はもっと時間がかかるのです。

コトリーは一生もの

結婚したり、パートナーや恋人と一緒に住むようになったあとも、フランス女性はコトリーとの交流をつづけます。何といっても、最も親しい友人のグループなのですから。フランスには例のホームパーティの習慣があるのも、大きな理由のひとつです。パーティは、軽いおしゃべりや交流を活発にしてくれます。新しいメンバーが加わったり、古くからのメンバーと改めて旧交をあたためることもできます。

コトリーとの交流は、彼女の夫を警戒させるに充分です。妻をほうっておいたら、別の男が彼女の心をとらえてしまうかもしれない。フランス女性の多くは、元彼と別れたあともいい関係をキープしています。そうすれば、彼とはずっと同じコトリーの仲間でいられるうえ、ちょっとしたスリルも保てるからです。もちろん結婚したら元彼とは会わないというフランス女性もいますが、多くは連絡をとりつづけているようです。元彼たちが果たしてくれる役割について、ある女性はこう言っています。

ええ、元彼といまだに連絡を取り合っている人は多いわ。真剣交際だったりつき

合っていた期間が長かったりして、別れるときにすごくモメた相手以外はね。元恋人って、もう肉体関係はないのに、二人のあいだにはやっぱりまだ何かがある。そのセクシャルな緊張感、二人にしかわからない緊張感がいいのよね。

これこそがコトリーの存在価値だといえます。あなたが元彼にもう何の魅力も感じなくなっていても、彼の存在そのものが、あなたの価値を高めてくれるのです。そうであれば、彼ときっぱり縁を切る必要はないでしょう? それにもしかしたら、ある日突然、やっぱり彼こそが運命の人だったということだってあるかもしれません。あるいは別の男が、あなたたちの昔の関係を知ってあなたに惹かれ、アプローチしてくるかもしれません。大事なのは、コトリーがあれば、あなたが誰かと〈つき合っている〉かどうかにかかわらず、誰かがかならずあなたを見つめているということなのです。

崇拝者の見つけ方

コトリーはもうすでにあなたのまわりに存在しているかもしれません。あなたがそれに気づいていないだけです。彼らは昔からの友達、新しくできた知り合い、同僚、友人の友人などさまざまです。元彼や、元夫ということだってあるでしょう。誰かが誰かを連れてきてメンバーが増え、その中であなたが人気者として輝いていれば、より多くの男性がついてくる。フランス女性はそのことを心得ています。

ここでのキーワードは〈崇拝者〉。フランス女性は複数の男たちと深い仲になるような、時間とエネルギーの無駄使いはしません。彼女は、自分がまだミステリアスな存在で、明らかに〈落ちていない〉状態こそ、自分のパワーを最大限に発揮できることを知っています。もちろん色々な人とふざけ合ったりして親しげにふるまいはするものの、自分のラブ・ライフについてはとても慎重です。そうすれば、いつか時がくれば落ちてくれるかもしれない、という印象を与えるでしょう。どうやってまわりの関心を保つのかって？　恋愛関係に完全に依存してしまわないことです。たとえ結婚しても、もう〈売約済み〉だからという理由で家に閉じこもったり、外見に無頓着にならないこと。むしろ、前よりもいっそうおしゃれに気をくばり、知的にも社交的にも活発でいることです。つまり言い換えれば、ずっと現役でいることです。

元恋人を友人として〈キープ〉しつづける女性もいます。フランスは狭い国、元彼とはどっちみち、いずれどこかで会うことになるのです。アメリカのように、別の州に移り住んでしまえば焼けぼっくいに火がつくことはなくなる、というわけにもいきません。特にフランスは複雑に絡み合った社会的グループから構成されているので、別れた恋人と二度と会わないようにするのはむずかしい。だからこそ礼儀を保って、かつての恋人ともいい関係でいることが大切なのです。

おたがい今はどういう状況にあっても――別の人とつき合っていても、激しい恋をしていても、結婚していても、フリーでも――元恋人は、いつだってあなたに好意を抱いているはず。あなたが特別なことは何もせず、ただ彼と感じよく挨拶しただけで、コトリーのメンバーは言葉にできない思いと、二人の歴史を察するに違いありません。

コトリーのつくり方

わたしの崇拝者なんていないからコトリーはつくれないわと、あなたは言うでしょう。これは大間違いです。誰にだって崇拝者はいます。あなたはそれに気づいていないだけです。

「それってボブのこと？　彼は大学時代からの友人よ。崇拝者なんかじゃないわ！」

と言うかもしれません。

　想像してみましょう。

　あなたはボブを友人たちとの飲み会に誘い、翌週には親友宅のホームパーティに招待します。その後、友人がたくさん来る予定の、とあるアートのオープニングイベントに来ない?と誘ってみます。

　オープニングでボブは、会社の同僚マイケルにばったり会う。彼はあなたにマイケルを紹介し……あなたはマイケルをひと目見てビビッとくる。マイケルはあなたのグループに加わるけれど、どうやらあなたの友人のシェリに興味があるみたい。それを見たあなたはボブをつかまえて軽くふざけ合う。軽くふざけていただけなのに、やきもちを焼いたシェリがボブを誘惑しはじめる。マイケルが、改めてあなたに関心を抱きはじめる。実はその日、あなたの同僚男性も偶然そのオープニングに来ていて、複数の男たちにモテているあなたを見て、ぞっこん惚れこんでしまう。

　ほら、あっという間に素晴らしいコトリーができあがったでしょう!

あなたのまわりで、あなたを称賛している人（そしてあなたも称賛している人）が何人いるか考え、秘密のノートにリストアップしてください。そして、どうしたらこれらの〝友情〟を発展させて、いつでも喜んで夕食につき合ってくれたり、コンサートやパーティに一緒に行ってくれるよう誘導できるか、策を練りましょう。あなたが既婚者であっても、折にふれエスコートしてくれる男性の存在は大切です。リストアップした人たちへはまめな気遣いを忘れずに。電話をかけて軽くおしゃべりしたり、いいことがあればお祝いを言ったり、用がなくても簡単な感じのいいメールを一人ひとりに送りましょう。

自分だけのコトリーをつくりましょう。あなたを崇拝している男を三〜七人挙げてみます。会社の同僚だったら退社後の一杯に誘うのもいいでしょう。ビジネスや共通の趣味を口実にして、完全にプラトニックな関係を保ちつつ、相手に好意を示し、感じよくふるまうこと。あなたが何かを〝ねらっている〟と思われてはいけません。コトリーは自分の魅力を高めるために、あるのです。

第9章 フランス女性と秘密の花園

秘密の花園で

フランス女性は、恋心をあからさまに顔に出すことがかならずしも賢いやり方ではないことを、先人の知恵として知っています。時には何もせず様子を見るほうがいいこともあるのです。彼女たちをよく観察してみると、少なくとも公の場では表情を抑えていることに気がつくでしょう。友人に囲まれた安全圏では、もっと感情を表に出すこともありますが、ふだんから感情をむき出しにすることはあまりありません。デカルトの影響でしょうか、フランス人は感情を〈コントロール〉しなければならないものと思っているのです。

それに対して、アメリカ人はオープンであることが好きです。

しかし恋愛関係となると、わたしたちのこのあけっぴろげな性格は、あまり得にはならないようです。もちろん、女ばかりで出かけ、誰かが最近口説いた男について、あれこれおしゃべりをするのは楽しいでしょう。好きなだけ喜怒哀楽を表に出して、泣いたり笑ったりできるのは素晴らしいことです。わたしたちは何事にもオープンであることがいいことだと信じきっていて、男女関係にもそれが当てはまると思っています。つねに正直に何でも伝え、すべてをさらけ出せば、男性もそれを認め、あるがままを受け容れてくれる……そして、おおらかな心を持ったわたしたちを愛し、あけっぴろげすぎるという些細な欠点は見逃してくれる、と思っているのです。

このように、わたしたちは完璧に正直であることを尊びます。でもこれは、かならずしもいいことではありません。フランス女性はそこを理解しています。だから彼女たちは、自分のJardin Secret〈秘密の花園〉を持つのです。

秘密の花園は、彼女の精神状態に応じて、彼女が空想にふける際に訪れる場所です。そこは、詩を書くとか、ロマンス小説を読むとか、チェスをするなど、彼女が人に言っていない趣味や嗜好の世界かもしれません。それとも、個人的に会っている人物で、プラトニックな関係なんだけれど、コトリーにさえ紹介していない男性のことかもしれません。

何より、秘密の花園は情事の影をまとっています。その情事はちょっぴり危険な軽い浮気にすぎないものかもしれないし、それ以上のものかもしれません。単なる浮気か、独身なんだけれども自分のコトリーにも相手の男性のことは知られたくない関係か、それとも軽い浮気なんかではなくて、本当に愛し合っている恋人なのかもしれません。

ともあれ、彼女はふつうそれをまわりの人に打ち明けたりしません。自分だけの秘密にしておくのです。

閉じられたドアの中で

一般的に、フランス人はプライバシーを大切にします。

秘密の花園が空想の世界に君臨しつづけるためには、花園を守り、秘密にしておく必要があるのです。これは、秘密の花園を持つもうひとつのメリットでもあります。空想の世界を豊かにしてくれ、自分の心を満たしてくれるような内なる世界をつくり上げてくれるからです。

外の世界に疲れ、負けてしまいそうなとき、フランス女性は寝室に引きこもり、カーテンを引いて、ロマンス小説を読んだり、ヨガのポーズをとったり、ただ寝転がって過ごします。そして、昔スキー場のリフトの上でキスをしたジャン＝クロードのことを考えます。

それともかつての恋人フランソワに電話するかもしれません。ワインなど飲みながら、夜中すぎまで、昔一緒にモンサンミッシェルに行ったときの話で盛り上がります……あのときは雨に降られて、小さなB&Bに泊まるはめになったわね。朝食のクロワッサンはひどかったけれど、オレンジジュースもヨーグルトも新鮮で、コーヒーが素晴らしくおいしかった……などと。

これがフランス女性の秘密の花園なのです。

深夜の会話が途切れがちになり、遠く離れた二人がそれぞれの電話口で眠りこんでしまった頃には、彼女にとって世界はふたたび快適なものになりはじめています。

そう、彼女は自分の魅力と、色気と、自信を取り戻したのです。

彼女が自信を高める場所

〈秘密の花園〉のことは誰にも言う必要はありません。それにかならずしも昔の恋人に電話をかける必要もないのです。彼女だけの秘密の場所があるということが大切なのですから。いつでも駆けこめる自分だけの場所があるという事実そのものが、彼女をより謎めいた、人を惹きつける存在にさせるのです。

恋人と一緒にいるときも、彼女の心は自由なまま。彼もそれに気がついています。これはたとえ二人が結婚しても変わりません。

フランス女性にとっての〈秘密の花園〉は、自立性とパワーを取り戻すために、彼女が精神的、知的、官能的な意味で駆けこむ場所なのです。

そこは彼女の特別な場所、何かに密かに夢中になる隠れ家です。秘密の花園は、図書館で見つけた本に酔いしれるだけのことかもしれません。毎日、午後になると行きつけのカフェに入ってその本を読み、一時間後にはその内容にうっとりしながらカフェを出る。夫や恋人とは切り離された、別世界の自分を感じながら、いつもの日々に戻るのです。

そして、どこかのホームパーティに行った際に、古代のカリグラフィーについてのちょっとした知識を披露して、みんなを驚かせます。

誰かが信じられないという顔つきで「どうしてそんなこと知ってるの?」ときいても、彼女は謎めいた笑みを浮かべてこう答えます。

「さあ……なぜか知ってたのよ」

彼女は通っている図書館のことも、行きつけのカフェのことも、そこで〈秘密の花園〉に知的逃避をしているあいだにいただく一杯の紅茶が素晴らしくおいしいことも、明かしません。

男性もまた、自分の秘密の花園を持っています。釣りに行ったり、仲間と会ったりするのがそれです。これで男たちはより魅力的になるのですから、何の問題もありません。男と女がたがいの愛情を保つには、自立は不可欠。つねに新しい何かを与え合っていれば、サプライズが途切れることはないのです。

ミステリアスの源

〈秘密の花園〉はミステリアスの源。ひょっとしたら、ミステリアスな存在でいるという考えそのものが、あなたには馬鹿げて聞こえるかもしれません。正直でいて何が悪いの？　結局は、それが最善の策じゃないの？と。

でも、正直でいることと、言わないでおいたほうがいいことまで打ち明けてしまうのとは違います。

なぜすべてを話す必要があるのでしょう？　あなたが自分の体についたセルライト

を気にしていることを伝えたからって、あなたと夫の関係はよくなるでしょうか？　あなたが今日、定価の半額で靴を買ったことを、彼氏に言う必要がありますか？　歯のブリッジの調子が悪くて、歯医者に駆けこんで治してもらったことを、あなたの友人たちはいちいち知りたいと思うでしょうか？

日常の些細な出来事を世間話的に話すかどうかなんて、たいした問題ではないように思えるでしょう。でも実際には、不必要な情報を相手に伝えることで、わたしたちの自立心は少しずつ目減りしていくのです。わたしたちは何かを奪われたような気分になり（それは情報をもらった友人や恋人たちも同じです）、何日かあとには、自分の個性や精神生活の破片が、風に乗って散り散りになってしまったような気がしてきます。

そうしてわたしたちは消耗し、衰弱し、感情的にも疲れ果ててしまいます。そんな自分をなぐさめるため、あなたは目先の癒しを求めて行動を始めます。でもそれは、癒しなんかではなく、ただの自爆。元彼と寝てしまったり。アイスクリームをカートンごと食べてしまったり。もっと消耗してしまうのです。

プルーストに学ぶ

フランス女性だって、感情的に消耗してしまうことがちょくちょくあります。同じ人間ですから、当たり前のことです。そんなとき、〈秘密の花園〉は彼女の避難場所の役割をします。彼女はいつも精一杯〈生きて〉いるので、自分がいつ充電すべきなのかがわかります。そんなときの秘密の花園は、一日じゅうベッドでゴロゴロしながらリラックスすることです。

フランス女性は、必要であればお誘いを断るのも平気です（ただし事前連絡と理由の説明はちゃんとします）。社交生活の幅を広げすぎて、パーティからパーティを渡り歩き、自分で自分を疲れさせ、飲みすぎ、しゃべりすぎるようなことはしません。マルセル・プルーストの言葉にもあるように「パーティに姿を見せないこと、夕食の招待を断ること、そして予期せぬ冷淡なふるまいは、世界じゅうのどんな化粧品や美しいドレスよりも効果を発揮する」ことを、彼女はわかっているのです。

飲みすぎについてひと言。

フランス女性はめったに飲みすぎることはありません。みんなが陰で嘲笑するようなパーティガールになるのはご免だからです。男は、たまには突拍子もないクレイジーガールとどんちゃん騒ぎをするのが好きだけど、ふつうはその種の女性と真剣につき合ったりはしない。だから、食べすぎたり飲みすぎたりしてしまうと、男は自分を長くつき合いたい相手として見てくれなくなる。フランス女性はそれを心得ています。フランス人はもちろんワインやシャンパンを飲みますが、ふつうは食べ物と一緒に、そしてかならず誰かと一緒に飲みます。

デカルトの恩恵

フランスでは家庭や学校、そしてコミュニティが、気持ちが動揺したときに冷静でいることの大切さを子どもたちに教えます。どんなときも冷静さと合理性を保ち、訳のわからないパニックに陥ったり、気が動転したりしないことは、フランス人のプライドでもあります。実際、お酒を飲むときの一般ルールとして、ワインを一杯飲むごとに水を一杯飲むほどです。

つねに自分の感情をコントロールするという概念は、デカルトからきています。フランス女性はわたしたちほど頻繁にサイコセラピストにかかったりしません。精神的な葛藤はプライベートなもので、精神的調和を保つには、知性によって感情を抑えこまなければならないとフランス人は思っているからです。これには、自制と、中庸のセンスが必要です。たとえサイコセラピストにかかったとしても、フランス女性はそれを人に言うことはないでしょう。自分が直面している問題について、母親には話すかもしれませんが、わざわざ不運な出来事や胸が張り裂けるような思いをしたことを女友達に宣伝して歩くことはあり得ません。これは、フランス女性が絶対に感情をたかぶらせたり、泣いたりしないという意味ではありません。若い女の子ならばボーイフレンドとのいざこざについて女友達に話すかもしれない。でも成熟した女性は、相手が本当に信用していい友人なのかわかるまでは、迂闊にあれこれしゃべったりはしないのです。

フランス女性がプライベートなことを話さない理由のひとつは、嫉妬心です。それが彼とののろけ話だろうと、うまくいっていないという話だろうと、女友達に話してしまったが最後、「彼を別の女性に取られてしまうかもしれない」という心理がはたらくのです。

フランス女性が、アメリカ人女性ほどたがいを信用していないのは本当です。でも、身近な友人に男を取られたというのは、わたしたちもよく耳にする話ですよね。フランス女性の口のかたさは、あながち悪いこととは言えないかもしれません。そんなの冷たすぎると思いますか？　アメリカ人女性が見習うのは無理だと思いますか？　そんなことありません。自分の感情をコントロールするようにすれば、そこには新しいパターンが生まれてきます。そこで、秘密の花園が活躍しはじめるのです。

完璧なものはない

フランス女性は、完璧などというものはないと思っています。昔は、多くの人は周囲が決めた相手と結婚していました。アメリカでは、祖母や母の世代の女性は、数年のあいだに何人かの男性とデートしてから結婚を決めていました。フランス女性はこのプロセスにはあまり時間を割かずに、もっと早い段階で結婚します（現代のフランスでは一緒に住みはじめることが多い）。今でも、一生のあいだに男性は夫一人だけ、というフランス女性は多いのです。アメリカ人女性からすると、かなり時代遅れに思えるでしょう。都市部に住んでいて、三十歳未満の人だったらなおさらです。

アメリカン・デートのサイクルでは、あなたは何週間か、毎日のように同じ男とデートし、親密になります。そして、彼こそが真実の相手だわと思い、彼と寝て、可能な限りすべての時間を一緒に過ごします。知り合って一ヵ月もたつ頃には、彼とあなたは半同棲状態になっています。

あなたは子ども時代のエピソード――歯並びが悪くて何年も矯正をしていたこと、学校の友達に〈鉄の口〉とからかわれたこと――をまるで昨日起こったことのように語り、そのときどんな気持ちだったかということまでしゃべります。彼もまた、自分の経験してきた成功や失敗について、詳しく語って聞かせます。おたがいに、すべての情報を一気にさらけ出そうとあせっているかのように。そして突然二人は、話すことが何もなくなってしまう。相手のことで知らないことが何もなくなってしまうのです。

こんなやり方はミステリアスではありません。セクシーでもありません。もちろんフランス的でもありません。

もちろん、子ども時代に傷ついた経験を話すのは差し支えありませんが、すべてを克明に説明する必要はないはずです。フランス女性は恋人を、告白を聞いてくれる神父やセラピストや母親のように扱ったりしません。一人の男性が相手の女性のすべてを受けとめることなどできないと、わかっています。わたしたちよりも愛や結婚というものについて現実的です。だから、心の癒しを得るための秘密の花園があるのです。または、個人的な悩みを相談する友達が、その花園の役割をしてくれるかもしれません。

気分が乗らないときは、お誘いは断りましょう。ただし断り方は可愛く、ミステリアスに。

自分だけの秘密の花園をつくりましょう。あなたに喜びと平穏と自尊心を取り戻させてくれるものは何か、深く考えてみるのです。試してみてください——誰にも言わずに何かのクラブに入る。自分しか知らない趣味を始める。一人きりになって本を読み、その内容は誰にも話さない。友人には教えない、一人きりになれるカフェを見つける。誰にも言わずにマチネーに行ってみる。

秘密にしておく術を身につけましょう。恋人や恋人候補、夫にすら、自分の冒険について話してはいけません。

ベッドの中では野性的に。ベッドの外ではレディのようにふるまいましょう。

第10章 フランス女性がセクシーな理由

精神の自由を保つ

フランス女性はこちらが引け目を感じてしまうぐらい魅惑的です。彼女たちに恋人を奪われたアメリカ人女性にきいてみればわかります。そもそも張り合うなんて無理じゃないかと思うほど、彼女たちはセクシーです。

あのフランス語独特のイントネーションだって色っぽいし、例の〈何とも名状しがたい〉態度……。どうすればああなれるのでしょう？　どうしたら、彼女たちのように精神の自由を保っていられるのでしょう？

アメリカン・デートでは、わたしたちは〈マーケット〉から連れ出され、相手の男性と一対一で向き合うプレッシャーにさらされます。しかも、決断は速やかに行わなければなりません。この人を〈彼氏〉にしたいかどうか？　この人と寝たいかどうか。もう少し時間があったらいいとは思いませんか？　立ち止まって多くの選択肢をじっくり検討したいとは思いませんか？　あるフランス人女性の言葉を紹介します。

ふつうの生活をすること。彼から連絡がくるのを待たないこと。連絡がきて何か

をしようとか、どこかへ行こうと言われたら、そのたびに忙しいからダメと答えるのよ。そして別の案を出すの。たとえば彼が明日の夜何してる?ときいてきたら、今週は予定があるの、でも日曜日の午後だったらあいてるわと答えるの。こうすれば、夜二人で出かけなくて済むでしょ? 彼が、じゃあ日曜日の夜も一緒に過ごそうと言ってきても、断ること。それは寝たいだけだから。

この会話は現実的すぎ、あるいはシニカルに感じられるかもしれません。連絡してこない男を無視するというプロセスは、時間の無駄のようにも思えます。わたしたちは、つい彼に電話をかけて、どうしてデートに誘ってくれないの?と言ってしまいます。でもこのやり方が効果的ではないことはわかっているはずです。

少なくとも長い目で見れば、いい方法ではありません。

デートするのをやめなさい

自分のコトリーがなく、退屈な一対一のデート・システムで相手探しをしていると、彼氏が見つかる頃にはあなたはもう疲れ果てています。

ドアを閉めて鍵をかけてしまいたい。その男と寝て、彼にしがみつき、もう二度と離さない。だってもう疲れてしまったんだもの。もう誰かとふざけ合うなんてごめんだわ。デートなんてもう二度としたくない。わたしの王子様を見つけたんだから、これで一件落着よ！

残念ながら、その考え方はあなたと夫や恋人との関係にいい影響をおよぼしません。ドアに鍵をかけて、彼との関係にすべてを依存してしまうという考え方そのものが、いずれ不満を生むからです。カップルが何から何まで一緒に行動し、二人の関係の刺激になるような新鮮味を持ちこまず、友人関係や、誰かとふざけ合ったりすることをすべて排除してしまうと、そのうち退屈が二人のあいだを支配するようになります。

想像してみてください。それは、スリリングでロマンティックな休暇と同じ。あなたは彼と二人きりでどこか南の島へ行き、めくるめく時間を過ごします。頭のネジが飛んでしまうようなすごいセックスを一日に三回も四回もして、二人手をつないで海辺を歩き、おいしいものを食べ、プールサイドでモヒートを飲みながら、飢えたような目でおたがいの瞳を見つめ合う。そしてまたセックスと、おいしい食事と、モヒートの繰り返し……五日もたつ頃には、元の現実的生活にもどりたいと思っているに違いありません。

何事にも変化が必要なのです。夢のようなパラダイス生活でさえ、変化がなければ退屈なものになってしまいます。

あなたがもし結婚していて、生活のすべてが整理整頓されてルーティン化され、秩序だった毎日を送っているとしたら、いつかそれに飽きてしまう日がくるでしょう。

夫や恋人の気持ちを惹きつけ、二人の関係を刺激的で生き生きとしたものにしつづけるには、さまざまなものを取りこみ、変化していく必要があることを、フランス女性は知っています。

プチ・ジェラシー

わたしはフランス人がちょっとしたジェラシーを使って恋愛にエネルギーを吹きこむ、素晴らしい例を目の当たりにしました。それは、ある夕食会でのことです。メンバーは四人——ホスト役であるフランス人女性と、わたしの友人である若くて美しいアメリカ人女性、ハンサムなフランス人男性。そして、わたし。わたしはインタビューするためにその場にいただけで、誰かと恋愛を始めようなどという気はまったくありませんでした。

わたしたちはおいしい食事を楽しみ、ワインをたくさん飲んで、笑ったりしゃべったりしました。アメリカ人の友人とわたしはブルゴーニュへの取材旅行からもどってきたばかりで、彼女は道中の出来事について面白おかしく話をしました。わたしは、彼女が同席していたフランス人男性にいい印象を与えようと、いつもよりずっと快活にふるまっているのに気がついていました。実は、二人は何年か前に関係を持ったことがあり、今回もばりばりに意識し合っていたのです。彼女はまた、彼をちょっぴり嫉妬させたがっていました。オーセールのとあるバーでわたしたちが何人かの男に声をかけられ、そのうち観光会社で働いているという一人が、色々なもの――地図やパンフレット、地元の歴史についての本などをプレゼントしてくれたことを話したのです。彼女はまた、その男性が彼女にあと何日かこの町にいればいいのにと言ったこと、彼がとても魅力的だったことも話しました。

彼女は全員に向けて話をしていましたが、その話題を選んだのは例の男性を意識していたから。彼をちょっぴり嫉妬させたかったからでした。しかし、興味深いことに、そのフランス人の若い男性は何とわたしのほうに向き直り、わたしに向かって話しかけはじめたのです。彼の目はキラキラと輝き、満面の笑みを浮かべていました。まるでその瞬間、わたしが彼にとって世界で最も魅力ある女性になってしまったかのようでした。わたしはと言えば、彼に注目してもらったことはとても嬉しかったけれど、それが自分に向けられたものではないこともわかっていました。彼は彼なりの駆け引きをしていたのでした。

ふざけ合うメリット

彼は突然彼女を捨ててわたしを好きになったわけではありません。彼女が、自分の魅力をわかってくれる人は世の中にたくさんいて、チャンスや選択肢がたくさんあるというところを見せ、彼を嫉妬させようとしていることに気がついたのです。彼は彼女のもくろみどおり嫉妬を感じ、だからこそ、自分もまた魅力的な男で、チャンスや選択肢がたくさんあるというところを見せようとした。わたしにはすべての事情がわかっていたけれど、それでも彼にちやほやされて悪い気持ちはしなかった。ちやほやのお返しすらしたほどです。

アメリカ人の友人は視界の隅で起こっていることに気がつき、よりいっそうドラマティックに、面白おかしく話をふくらませ、ホスト役の女性を喜ばせました。

何か不正をするとか、誰かを不当に操ろうという意図はここにはまったくありません。会話のテクニックと少しのジェラシーがどれだけわたしたちの人間関係に刺激を与え、活性化させ、毎日を楽しいものにしてくれるかという例にすぎません。フランス女性は、夫や恋人に「どうしてわたしのことを見てくれないの？」と抗議するよりも、自分の魅力をわかってくれる男たちが世の中にはたくさんいることを見せたほうが、ずっと効果があることを知っています。

抗議は何ももたらしてくれません。注目してほしいと相手に言うのは、自分が不安定で愛情を欲していることを認めることです。そして、そんな態度はまったく魅力がありません。

フランス女性は、男はチャレンジすることが好きだということ――未知のもの、未踏のものにチャレンジするのが大好きだということを知っています。謎めいた雰囲気を崩さず、夫や恋人の前でもほかの男と軽くふざけ合ったりしていれば、あなたはまだ完全に夫や恋人のものではないこと、その気になればあなたの魅力をわかってくれる男がいくらでもいることが伝わるでしょう。

夫や恋人との関係を生き生きと保つためには、つねに変化の可能性を秘めていることと、人生は刻一刻と変化していくものだという認識をもつことが大切です。フランス女性はそこのところをよく理解しています。

男はハッピーな女が好き

フランス女性の秘密の花園は、彼女の力の源にもどってエネルギーを補給し、精神世界に触れるのに役立っています。〈現実世界〉にもどった彼女は、新たな謎をその身にまとっているでしょう。そして、よりハッピーになっているはず。

男性のほうも、何か新しいことが起こったと感じるでしょう。彼女がどこかへ、もしかすると秘密めいた場所へ行っていたような〈雰囲気〉を感じ、彼女にもっと注意を向けるようになります。

彼女がそうしてとお願いしたわけではありません。彼女の様子から、すべてを彼に頼っているわけではなく、ほかにもよりどころにする場所があることが〈伝わった〉からです。彼は油断していたら彼女を失ってしまうかもしれないという危機感から、彼女に注意を払うようになったのです。

芝居がかったところがあります

男性と初めて寝るときがくると、フランス女性はちょぴり芝居がかった感じになります。男は、彼女が突然〈落ちた〉と思うかもしれませんが、多くの場合、彼女は何週間も前から（時には何カ月、何年も前から）この一大イベントに向けて計画を立てているのです。

まずはつねにその日を想定して行動すること。いつも美しいランジェリーを身につけ、いい香りのソープで体を洗い、クリームやローションでお肌のケアを怠らず、そして冷蔵庫にはいつでも上等なシャンパンが最低一本は入っているように。そうすれば、自分の美しさを認識しながら、自信をもって彼に接し、初めて一緒に過ごす夜の官能と、肉体の情熱とに、心から身を任せることができるのです。

ふだんからその日を想定して行動しているので、自分のアパートの部屋が片づいているかどうか、肌はカサカサしていないか、そのときになって心配する必要がありません。まして下着の心配など言わずもがなです！

これを、風水のようなものだと考えてみてください。毎日の精神的な〈通り道〉をつくっておけば（ランジェリーを選び、家をつねにきれいに保ち、力強く自立していれば）、それがよい〈気〉を呼びこみ、愛があなたのもとにやってくるのです。緊張する必要もなければ、物ほしげになることもなく、エネルギーが遮断されてしまった感覚もありません。

あなたは自分の力強さを感じ、自分という人間を受け容れている――その感覚が男性にも伝わって、彼は気分よくあなたの家を訪ねることができるでしょう。

愛のシグナル

フランス人は、男性もまた、来るべきイベントにそなえます。なぜなら、フランス女性は相手と寝たいと思わない限りは、男性一人だけを家に招待することはないからです。彼は友人のグループとともに、たとえばホームパーティなどの際に彼女の家に行ったことはあるでしょう。でも一人だけ招かれたということは、彼女の準備ができたというシグナルなのです。

このシグナルがわかっていれば、おたがい誤解することもありません。男も、女も、その夜最後に過ごす場所は寝室だということがわかっています。その夜は素晴らしい期待感に満ちていきます。夕食のあいだじゅう、ロマンティックな雰囲気がどんどん盛り上がっていきます。シャンパンは素晴らしく美味で、ろうそくが灯され、音楽がかかっています。彼女がつくった料理はどれもおいしく、おそらくデザートにはチョコレートムースが出されるでしょう。

そして二人が結ばれたあとも、フランス女性は友人や家族との連絡をおろそかにはしません。友人や仲間たちとの関係を終わらせることも、秘密の花園を離れることももちろんありません。

それどころか、彼の気持ちをずっと惹きつけておくためには、これらのサポートシステムがよりいっそう大事になってくることを心得ています。男が女を自分のものにしたと思った瞬間から、女は自分がミステリアスで自立した存在であることを、ふたたび彼に認識させせなければならないからです。

プロセスを楽しむ

フランス女性はファストフードを好みません。同じように、即席のセックスも好みません。もちろんアバンチュールに身をやつす瞬間はありますが、その際はすべてが秘密のまま終わるよう、細心の注意を払います。

愛に関係するほとんどすべてにおいて、フランス女性は時間をかけ、ふざけ合いや誘惑、相手を惹きつけるプロセスを楽しみます。

食べ物が、それを味わうという官能があるから素晴らしいように、愛やロマンス、誘惑を、時間をかけて楽しむべき官能的な喜びとして味わうのです。食事はそれ自体、官能的です。それぞれの味と風味、テーブルをいろどる会話、舌触りやスパイスの香り、ワインの味わい……。

フランス女性は今日の軽い誘惑が実を結ぶには数ヵ月か、ときには数年もかかることを知っています。

今、夫や恋人がいるか否かにかかわらず、ロマンスがすぐそこまで来ていると思って、毎日の生活をしてください。家を掃除し、アロマキャンドルを揃え、冷蔵庫にはシャンパンを、体には美しいランジェリーをつけましょう。そうそう、脚の脱毛も忘れずに！

つぎに、あなたの何かを変えてみましょう。たとえば何かジュエリーを買って、それをどこで買ったか、何のために買ったかは誰にも言わないでおくのです。週末には友人と小旅行に行くけれど、詳細は伝えないでおくのです。

あなたのことを無視したり、失礼な態度をとる男は切りましょう。感じよく、優雅に切りましょう。もし彼が運命の男性だったら、放っておいてもあなたのもとにもどってくるはずです。

あなたが幸せな結婚生活を送っているなら、自分と夫のためにロマンティックなサプライズを用意しましょう。一生懸命になりすぎてはいけません。準備もふくめて、楽しんでください。

第11章 マリアージュ・ア・ラ・モード

男を改造しない

フランス女性は、理想の男性がどこかにいるはずという考え方をしません。
また、二人の記念日とか特別なデートなども、あまり重要視しません。十周年とか二十五周年といった大きな節目にだけ、家族で小さなパーティをするそうです。
バレンタインデーにも大騒ぎしません。相手をどれだけ愛しているかを〈証明〉しなければならないというプレッシャーは、男女どちら側にも存在しないのです。愛はもっと個人的で、言葉には表せないもの。誰の夫や彼氏がいちばん散財したかを、競争する場ではないのですから。

フランス女性は自分に自信があるので、世間が彼に求める姿ではなく、あるがままを受け容れることができます。彼を改造しようとはしません。

改造するという考え方そのものが、あまりフランス的とはいえません。フランス女性には〈自由放任主義〉という信念があり、たがいの些細な癖や習性は、よいものも悪いものも受け容れようとします。二人が親密な関係になったあとなら、なおさらです。

フランス女性は家族や友人を大切にします。ことに、母親ととても仲よしです。幼なじみや大学時代の友人とも、ずっと連絡を取り合います。結婚後も自分の友人グループをキープします。それらが、新鮮な空気や太陽の光と同様、快適な生活を送るのに欠かせないと知っているからです。理想の男性を見つけて結婚するまでは自分は〈片づいていなくて〉、結婚したら〈片づいた〉という考え方を彼女たちはしません。〈片づく〉という考え方自体が、フランス的ではないのです。

フランス人のカップルは何年一緒にいても、お揃いのベースボールキャップをかぶったりしません。そういう意味では、お揃いのものは何ひとつ身につけません。考えてもみてください。女性が夫や恋人にとって双子のかたわれのような存在になり、似たような服を着て、やることなすことすべてに同調するようになったら、愛のスパイスはすぐになくなってしまうでしょう。そうなると、男性はよそ見を始めます。

あきらめてはなりません。つねに自立し、彼とは別の人間でいるよう努力してください。

個性礼賛

死ぬまでずっと成長し、変化し、進化しつづける——これがフランス女性の生き方です。新しい趣味を見つけ、情熱を傾ける。夫や恋人のためではなく、自分のために。そしてそのあいだも、外に出て、たくさんの人に会います。もちろん、夫以外の男性にも。つまり、自分の友人関係をキープしつづけるのです。

フランスの既婚女性はさかんにホームパーティをひらきます。さまざまなカップルや独身男女の交流の場をつくるので、夫のほうも気をゆるめていられません。妻がこの世に君臨し、まわりの人たちから称賛されているというのに、自分がよそ見をしたり妻をないがしろにしたら、ほかの男にとられてしまうかもしれない……。

あるフランス女性は、アイルランド人の友人が自分の結婚生活を〈永遠のもの〉と言っているのを聞いて、心底驚いたと言います。結婚の誓いを立てたが最後、すべては不変のものとなり、妻はもう魅力的で女性らしく見せる努力をしなくてもいいと思っているなんて信じられないと。

彼女はこうも言っていました。

「男女関係はいつだって始まったばかりのように、そしていつ終わってもおかしくないものとして扱わなければ」

フランス人男性もまた、このように言っています。

「フランス女性の謎は、つねに誰かに持っていかれてしまいそうな気がするところだ」

そう、この考え方には欠点があるのも事実です。フランス人の中には、愛人や浮気相手がいる人もいます。この事実そのものが、夫や妻の警戒心と、夫婦間の情熱を保つのに役立っているようです。

フランスでは、結婚やパートナーとの生活に安心しきってしまう人はいません。いつもどうすれば自分がよく見え、格好よく行動できるかを考えて、一生懸命に努力します。そしてつねに、自分を称賛してくれる人を探し求めています。ときにはそれが愛人や浮気相手だったりします。

ただ、アメリカ人が思っているほど浮気に寛大ではないこともつけ加えておきましょう。

愛人についての神話

フランスの元大統領フランソワ・ミッテランの葬儀に彼の妻と愛人が肩を並べて参列して以来ずっと、その話題がアメリカ人の口にのぼります。ビル・クリントン元大統領の女性問題と比較して、こんな会話が繰り広げられています。「フランス人ときたら、なんて進歩的なんでしょう！　見てごらんなさい！　妻のほかに愛人がいても気にしないのよ。みんなそういうことが平気なのね」

多くの人の認識では（そしてアメリカ人の男たちはこの認識を広めるのが大好き）、フランス人男性のほとんどは妻のほかに愛人がいて、妻たちもそれをまったく気にかけていないというのです。もっとも、アメリカ人男性は、妻のほうにも愛人がいるという神話には、聞こえないふりをしているみたいですが。

アメリカ人男性はフランス女性の心の広さについて幻想を抱いています。浮気は世界じゅう至るところで行われています。男も女も浮気しています。だからといって、フランス女性が、パートナーが浮気しても怒ったり嫉妬したりしないというのは真実ではありません。彼女たちも怒るし、嫉妬もします。

ある女性はこう言っています。

夫がもし浮気をしたら、わたしたち夫婦はやり直せないと思う。別れるしかないと思うわ。夫には結婚当初から言ってあるの。誰かほかの女とわたしを天秤にかけるようなことをしたら、結論はわたしが決めてあげるってね。迷うことなんかない、あちらを選んで。わたしのことは忘れてもらうわ。許すという人もいるかもしれないけれど……わたしはその事実を忘れるなんてできないと思うの。

彼女が言っていることは、わたしたちとあまり違わないように思えます。四十歳以下のアメリカ人女性が夫やパートナーの裏切りを絶対に許さないと答えた反面、それより上の年齢層もしくは昔の女性たちは、夫に愛人がいても耐えていたようです。これは経済的な理由もあるでしょう。一九三〇年代、四〇年代、そして五〇年代の女性たちは、愛人の存在を知っても、離婚して一人で生きていくだけの経済的手段がありませんでした。夫の不貞を黙って耐え忍ぶしかなかったのです。

神話は間違っていました。彼女たちは夫の浮気など平気ではなかったし、幸せでもなかったのです。夫の浮気を知って自分も愛人をもつという女性もいたかもしれませんが、多くはそのぶん、家庭生活と子どもたちにエネルギーを注ぎました。

五時から七時

〈五時から七時〉とは浮気タイムのことです。浮気は、配偶者に秘密にしておかなければなりません。その秘密を表す、うまい表現だといえます。五時から七時——仕事が終わってから、家族揃っての夕食やビジネスディナーが始まるまでの空白の時間。そう、つまり浮気している男女がアパートやホテルや、ときにはオフィスで、密会する時間帯です。もう何年もフランスに住んでいる、あるアメリカ人女性によると、浮気はさかんに行われているし、男も女も、愛人がいるという人はたくさんいるとのこと。でも浮気はおおっぴらには受け容れられていないので、この件について誰かにきいてみても、自分以外の〈誰か〉が浮気しているのは知っている、と答えるのみ。きいた相手本人が浮気をしていると認めることはないし、ましてやその人の配偶者が、五時から七時にホテルの部屋で慌しくセックスしているなんてあり得ないというわけです。

こうして色々追及していくと、フランス人の多くはやはり浮気しているみたいです。ただ、表向きそれは許されないので、秘密にしているのです。配偶者やパートナーにバレたら、結婚生活は破綻するかもしれません。独身のフランス人女性にたずねたところ、彼女たちの多くが既婚男性から情事を持ちかけられた経験があると答えてくれました。

三十代前半のある女性はこう言っています。

配偶者を裏切るなんて考えたこともないという人がいる一方、その人の配偶者は平気で浮気している……。そういうことって、よくあるの。
もちろん、愛人のことは秘密にして、配偶者には言わないわ。親友には告白するかもしれないけど、そこまでね。最後まで知らないのは浮気されている本人だけってこと。

彼女はまた、男友達の中には〈幸せな結婚生活〉を送りながらも、色々な女性と浮気している人もいる、と教えてくれました。結婚した元彼から、愛人にならないかとアプローチされたこともあるそうです。

既婚男性の中には、浮気相手は既婚女性だけと決めていて、職場で会ったり、昼休みにホテルで逢引きする人もいます。結婚生活に退屈し、新しい可能性を求めてインターネットで知り合った女性と浮気に発展するという人も。彼らは妻や子どもたちと別れたくはないけれど、火遊びは楽しみたいという人たちです。

もしバレたら「ものすごい修羅場になるでしょうね」と、フランス女性たちは断言しています。

妻は愛人のように

大切なのは、家庭生活があまりにもマンネリ化して、夫婦がおたがいを〈見なくなる〉ような事態を避けることです。女性側としては、夫が妻を当たり前の存在と思い、注意を払わなくなってしまわないよう、努力する必要があります。愛人のような妻になる最初のステップは、家に閉じこもらないこと。わたしの仲よしの女友達は〝ホテル・キュア〟と呼ぶプランを実践しています。これは、結婚生活における寝室の倦怠期に効く、とてもシンプルで効果的な処方箋。六週間おきぐらいに、彼女は夫とホテルの部屋で会う手筈をつけます。一泊だけのこともあれば、週末ずっとその部屋で過ごすこともあるけれど、これで夫婦生活が活性化されるのは請け合いだと言います。

しばらく離れているのも、相手への思いや欲望を高める効果があります。あなたの魅力を引き出してくれるものを見つけて、それを利用するのがコツ。相手がもともとあなたに惹かれたポイントは何だったかを思い出してください。そして、夫婦関係から一歩踏み出した自分の魅力を再発見してみてください。あなた自身がハッピーな気持ちになれることをしましょう。

ハッピーで自分に自信があり、自分のことが好きで、官能的な女性は、前向きで積極的な恋人の資質をもっています。男性もそれがわかるのか、そういう女性を愛します。そういう女性は、お尻に変なくぼみがあるとか、散らかった書斎をどうにかしなくちゃとか、あと五キロ痩せなくちゃとか、そんなことで思い悩んだりしません。自信にあふれ、セクシーでハッピーな女性は自由に動きまわり、自分の楽しみを追求します。彼女の心は自由です。官能的な気分になるのも自由だし、誰かとの親密なひとときを楽しむのも自由です。

外の不安定な世界から解放されて二人きりになれば、喜びを与えたり受け取ったりするのは自由です。これは、自分を犠牲にするという意味ではありません。フランス人は、メイクラブの本当の喜びは自分が快楽を得ることではなく、まず相手を喜ばせることだ、という信念を持っています。これはけっして性差別的な価値観ではありません。フランス人にきいてみると、男女どちらもが、パートナーを喜ばせることがいちばん大切だと答えるからです。

では、わたしたち女性が男性のためにできることは何でしょう？　わたしたちは結婚すると、相手を喜ばせようという努力を怠りがちです。交際期間中、わたしたちは目標に向かって走っています。相手を魅惑し、好印象を与え、彼がずっと一緒にいたいと思ってくれるよう努力します。自分の欠点を隠したり、長所を強調することもあるかもしれません。ダイエットをして新しい服を買い、彼によく思われそうな趣味を始めます。

でもいざ結婚してしまうと、わたしたちは〈リラックス〉してしまう。ダイエットに励んだことを忘れ、昔の服ばかり着ていても平気。趣味なんてとっくにやめてしまった。そして、日々の雑用のことばかり考えるようになるのです。夫を、自分の一部分のように考えてしまう人すらいます。

こうしてパートナーに慣れていけばいくほど、わたしたちの女としての魅力は薄れていきます。おたがいに慣れ親しんでいくのが素敵だという考え方もたしかにあります。でも本音をいえば、それは二人のあいだにあったロマンスや誘惑が消えてしまったということです。最悪なのは、外に出かけ友人や仲間たちと会うのをやめてしまうこと。パートナーは、あなたがほかの男に注目されるところを見る機会がなくなるため、安心しきってしまうのです。

フランスの既婚女性が、夫と離れて過ごす時間をつくるのはこのためです。遠方に住む友人を訪ねて数日間家をあけ、新鮮な気持ちになって、夫のもとに帰るのです。ある女性は、ベッドでの想像力をはたらかせて、結婚生活を〈活性化〉させていると教えてくれました。「ベッドではシャイになったらダメ！　あなたが彼に何かファンタジーを感じるのなら、一緒にプレイして楽しまなくちゃ！」

そう、あなたも愛人のような妻になることができるのです。

これで小道具が揃いました。香水、上質のランジェリー、おいしい料理、取り巻き、セクシーな靴、そして魅惑的でセクシーな言動……。

ほらね、これであなたもフランス女性の仲間入りです！

新しい自分を演出して、夫やパートナーを驚かせてみましょう。あなたは何もコメントせず、ただ何かを少しだけ変えてください。友人をホームパーティに招き、コトリーを復活させましょう。夫が見ているところで、ハンサムな男性と会話し、盛り上がりましょう。そうすれば、彼はあなたを誰かにとられてしまうかもしれないと、かすかに警戒するでしょう。

結婚生活が単調になってきたと感じたら、〝ホテル・キュア〟を試してみましょう。シャンパンと、セクシーなランジェリーをたくさん持っていくのを忘れずに。

フランス女性のようにセクシーに生きる18の秘訣

あなたにフランス人の血がまったく流れていなくても〈フランス女性〉になることはできます。愛やロマンスについては、わたしたちはみんな、多かれ少なかれフランス的な一面があるのです。フランス文化は女性らしさと美の文化であり、世界じゅうのすべての女性に通じるもので、たとえあなたがフランスに行ったことがなく、フランス人の知り合いが一人もいなくても、その文化的なルーツをたどることはできるのです。

まずは、フランスの古典映画をレンタルしましょう。『昼顔』『男と女』『アメリ』『橋の上の娘』など。小説『ボヴァリー夫人』や『ル・ディヴォルス』を読むのもいいかもしれません。あるいは美しいスカーフを一枚買って、それを身につける何とおりもの方法を試してみてもいいでしょう。

最後に、フランス的な生活をおくる、大切なポイントを挙げておきます。

1 デートするのをやめる

フランス女性は軽々しくデートなどしません。そのかわり、取り巻きのような男性が数人います。デートの悪循環から脱して、友人や自分を称賛してくれる男性たちの中で、お目当ての男性と会うようにしてくださ い。ホームパーティをひらいたり、仕事が終わってから同僚と出かけたり、散歩に出かけたりする際に、彼を誘ってみるのです。複数の男性に囲まれた自分を披露できる状況なら何でもかまいません。所要時間二時間の採用面接みたいなデートだけはやめましょう。

2 ホームパーティをひらこう

昔からの友人、最近知り合った人、色々な人を招待しましょう。席は、男女が交互に座るのがフランス的。特定の男性にだけ気があるようにふるまわないこと。彼があれこれ思い悩んでしまうような、どちらともとれる態度で接しましょう。あなたの料理の腕前と、おもてなしのスキルを見せるチャンスです。

3 どこへ行くにも歩いて行こう

フランス女性はどこへ行くにも歩きます。もちろんいい運動になるということもありますが、自分を見せびらかすためというのが本音。未来の恋人候補と一緒に散歩に出かけてみましょう。彼が何かおごってくれるわけでもないし、だから見返りを求められることもない。何よりいいのは、歩けば歩くほど、あなたに注目する男性が多いことに気がついて、彼の競争心がかきたてられることです。

4 ネットではなくリアルで会おう

フランス女性は博物館、映画館、バーやパーティといったリアルな世界で男性と顔を合わせるのを好みます。チャーミングでちょっぴり誘惑的にふるまうのもサバイバルの一環なので、誰とでも楽しいおしゃべりを繰り広げるのです。こうすれば、たくさんの男性と知り合うことができます。

5 職場でも女であることを忘れずに

中性的なビジネススーツはやめて、魅力的な服装を心がけましょう。フランス女性は仕事で男性と会うときも、女性らしい服装をするのをためらいません。

6 ナチュラルでいよう

フレンチルックとはナチュラルルックのこと。体の一部分だけを強調するスタイルです。たとえばミニスカートをはいたら、セーターは首まで詰まったものを着る。真っ赤な口紅を塗ったら、アイメイクは一切せず、チークも入れない。ドライヤーで髪をセットするのもやめましょう。フランス女性は髪をきっちり整えることにこだわりません。少し乱れた、風に吹かれたような髪を好みます。

7 元彼に連絡しよう

フランス女性は元彼とも、いい友達関係をつづけます。男性同伴で出かけなければならないときや、取り巻きの人数を増やしたいことだってありますから。

フランス女性のようにセクシーに生きる18の秘訣

8

コトリーをつくろう

男性、女性、同僚、最近知り合った人たち。さまざまな人たちからなる友人グループをつくって、映画やバー、博物館やコンサートなどに出かけましょう。これもまた、おたがいに見たり見られたりするチャンスです。

9

知的にふるまおう

あなたがそれほど頭がよくなくても、本を持ち歩いて、メガネをかけてみましょう。フランス女性は、知的な女性はセクシーだということを知っています。

10

上等な食器をしまいこまないこと

何のためにしまいこんでおくのですか？ フランス女性は上等なものをふだん使いします。彼女たちの気高い自信の源でもあります。

11

ランジェリーはお揃いで！

フランス人女性はレースのショーツをしまいこんだりしません。毎日、セクシーなランジェリーをつけています。そう、ブラとショーツはつねにお揃いでつけること。これもまた自信の一部になります。

12
料理をしよう
フランス女性は何百年も前から心得ていま す――男の心をつかむにはまず胃袋から。

13
あるがままの自分を好きになろう
自分を好きになる秘訣は、香り高いクリームやローション。フランス女性は香水をはじめ、自分の気分を高めてくれるものが大好き。彼女たちの堂々とした歩き方をご覧なさい。母親に小さいときから「頭を高く上げて背筋を伸ばしなさい」と教えられて育つのです。

14
秘密の花園をもとう
秘密の花園とは、フランス女性が自分の精神面を立て直したいときに訪れる場所や人のことです。何でもかんでも口に出してしまわずに、秘密にしておくのがフランス的です。今ハマッている小説とか、スターバックスでひと目ぼれしてしまった男のこととか。正直に何もかも話すより、自分だけの胸にしまっておくことがあってもいいのです。

15
控えめなほうが効果的
今シーズンは、素敵なスカートを一枚だけ買いましょう。食べる量は控えめにしましょう。フランス女性は、大きいこと、たくさんあることがいいとは思っていません。足りないぶんは、自分なりのやり方で対応します――食事も、服も、そして男も。

16
夫や恋人の傍らによりそうこと

フランス女性は自分の夫や恋人を無理に改造しようとはしません。彼のありのままを受け容れます。

17
個性礼賛

フランス女性は、自分が女であることをつねに忘れていません。たとえばスカートにブーツという組み合わせで、旅行に出かけてみましょう。あなたの注目度がずっと上がることに気づくはずです。荷物を持ってくれる男性だってあらわれるかもしれません。

18
少しぐらい気まぐれで

あなたは女性で、彼は男性。気まぐれにふるまって何が悪いのでしょう？　ときには気まぐれに、移り気に、情熱的にふるまってください。いつも理性的に行動しようなどと思わなければ、毎日がずっと楽しくなりますよ！

フランス女性のようにセクシーに生きる18の秘訣

料理をする楽しみ

食べることを愛するのは、人生を愛すること

友人を夕食に招待しましょう。レシピをいくつか選び、お買い物リストをつくります。近所のお店に行って、上質で、いちばん新鮮な食材を買ってきます。料理には時間をかけましょう。五感すべてで料理を楽しみ、パーティを楽しみましょう。

あなたがあまりヘルシーとはいえない食べ物を家で一人で食べるタイプだったら、真においしくて新鮮な食材ばかりを買いこむ習慣をつけてください。加工食品、レトルト食品は避けましょう。自分のために料理をし、心から味わって食べるようにします。本物の磁器や銀食器でテーブルセッティングするのもいいでしょう。できるだけ、友達や恋人とテーブルを囲むように心がけること（本を読んだり、テレビを見ながらの食事は絶対にダメ！）。

料理ごとに個別のお皿に盛りつけ、ひと皿ずつゆっくり食べましょう。それによって食べる速度を遅くし、それぞれの料理の舌触りや香り、味わいをより楽しむことができるのです。

最後に、極端なダイエットはやめて、食べることをもっと楽しみましょう！

〈彼が喜ぶシンプルな一品〉

◆コックォヴァン（鶏肉の赤ワイン煮）

〈下ごしらえ〉：30分＋マリネ12時間
〈調理時間〉：2時間45分

〈材料〉：8人分
鶏肉…2.7キロぐらい
（適当な大きさに切っておく）
玉ネギ…1個（薄切り）
ニンジン…2本（薄切り）
赤ワイン…1本
ハーブ…1束
油…大さじ3杯
小麦粉…大さじ1杯
ニンニク…2かけ
コニャック…ショットグラス1杯
スープの素…大さじ2杯
（半カップの水と合わせておく）
塩・胡椒・ナツメグ
ベーコン…半カップ
（細かく切っておく）
マッシュルーム…1と1/4カップ
パセリ…数本
ペッパーコーン（胡椒の実）

1　前日に、切った鶏肉・玉ネギ・ニンジンをサラダボウルに入れる。赤ワインを振りかけ、ハーブとペッパーコーンを少々加える。ラップか蓋をして、冷蔵庫で12時間マリネする。

2　12時間たったら、鶏肉と野菜を取り出し、ペーパータオルでふく。マリネ液は濾しておく。

3　キャセロールに油を入れて火にかける。鶏肉を入れて焼き、すべての面に焼き色がついたら取り出して、野菜を入れる。焼き色がつくまで3～5分間炒め、小麦粉を振り入れてよくかき混ぜる。

4　鶏肉を戻し入れ、つぶしたニンニクを加える。コニャックを注いで火を入れ、アルコールをとばす。

5　ワインのマリネ液と、スープを注ぎ入れる。塩・胡椒・ナツメグも加え、沸騰してきたら蓋をして、弱火で2時間煮こむ。

6　食卓に出す15分前に、フッ素樹脂加工のフライパンでベーコンとスライスしたマッシュルームを炒め、焼き色がついたらキャセロールに加える。味をみて調味料を足し、パセリを散らす。

〈お誕生日のディナー〉

◆前菜
フォアグラのハニートースト

〈材料〉
全粒粉のパン…スライスしたもの
蜂蜜
フォアグラ
塩と砕いた胡椒粒

オーブンを180度にあたためておく。パンに蜂蜜を塗り、フォアグラのスライスをのせる。オーブンで5～10分、フォアグラがとけてパンがカリッとなるまで焼く。塩と砕いた胡椒粒を振る。

◆メイン
牛肉のステーキ
マンゴーとナスのソテー添え

〈材料〉
玉ネギ…大1個
キャノーラ油またはヒマワリ油
…小さじ1杯
白砂糖…小さじ2杯
ステーキ用牛肉
…230～320グラム
マンゴー…1個
ナス…1個
オリーブオイル…小さじ3杯
砕いたヘーゼルナッツ
またはアーモンド…小さじ3杯
塩・胡椒

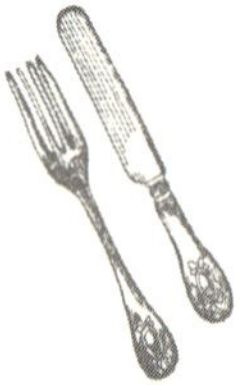

1 玉ネギを5～6ミリ厚さの輪切りにする。キャノーラ油またはヒマワリ油を火にかけ、玉ネギを入れて、フライパンをゆすりながら中火でゆっくりと火を通す（15～20分）。砂糖を加え、玉ネギが飴色になるまで炒める（10分）。

2 牛肉は小さめに切り、油をひかずに、好みの焼き加減になるまで焼く。飴色玉ネギを加えてさらに2～3分焼く。

3 マンゴーとナスは小さく切る。オリーブオイルをあたため、ナスを中火で15分間炒めたら、マンゴーを加えて中火のまま20分間、ゆっくりと火を通す。ナスとマンゴーが崩れないように気をつけながら、たえずかき混ぜること。砕いたヘーゼルナッツかアーモンド、塩、砕いた胡椒を加え、さらに2分間炒める。

〈夏祭りのお酒〉

◆マルキゼット

〈材料〉

白ワイン
（スパークリングを使うことが多い）
…2リットル
ラム…1/4本
炭酸水…1/2リットル
レモン…2個（薄切り）
オレンジ…2個（薄切り）
リンゴ…2個（サイコロ切り）
砂糖…1カップ

◆イチゴの花椒粉とバジルあえ

約1リットル分のイチゴを洗って水けを切り、ヘタを取り除いて、薄切りまたは4等分に切る。花椒粉をペッパーミルで5回ひねり、砂糖を大さじ5杯振りかける。バジルを7〜8枚、刻んで加える。すぐにいただくか、ラップをかけて冷蔵庫で3時間ほど冷やしてもよい。

〈ベリーの饗宴〉

◆ベリー・クラフティ

〈材料〉

卵…2個
砂糖…1/3カップ
バニラエッセンス…小さじ1/2杯
薄力粉…大さじ3杯
塩…1つまみ
クレームフレーシュ…2/3カップ
（手に入らなければ、ふつうの生クリームとサワークリームを半々に混ぜ合わせ、しばらく置いてから使う）
牛乳…1/3カップ
ベリー類…500*cc*分
（ラズベリー、ブラックベリーなど。サクランボ、薄切りにしたモモや西洋ナシでも可）

1　オーブンを200度にあたためておく。直径25センチの円形のベーキング用の型の内側にバターを薄く塗る。卵と砂糖をやや硬い手ごたえになるまでかくはんする。バニラエッセンス、薄力粉、塩を加える。クレームフレーシュの半量を牛乳と混ぜ合わせて加える。生地の1/3を型に流し入れ、オーブンで5分焼いたら取り出し、ベリー類を敷き詰めて、残りの2/3の生地を流し入れる。

2　オーブンで約25分、生地がしっかりするまで焼く。オーブンから取り出して粗熱をとり、製菓用の砂糖を振りかけ、残りのクレームフレーシュを添えて出す。

〈もっとチョコレート！〉

◆フォンダン・ショコラ

〈材料〉：10人分

セミスウィート
またはビターチョコレート
（カカオ70%のものが望ましい）
…200グラム（粗みじんにしておく）
バター…110グラム
卵…4個
砂糖…1/2カップ
薄力粉…大さじ2杯
塩…小さじ1/4
バニラエッセンス…小さじ1杯

〈上記のバリエーション〉

- 大さじ2杯のオレンジリキュールと、オレンジ1個分の皮を細かくすりおろしたものを加えてもよい。素晴らしいオレンジとチョコレートの風味が広がります。
- チョコレートとバターを溶かす際、シナモン、ナツメグ、クローブなどの粉末を入れてみる。
- ミントのエッセンスを入れる。
- コーヒーのエッセンスを入れる。

1 オーブンを200度にあたためておく。

2 ラムキンまたはベーキング用の器の内側にバターを薄く塗り、粉をはたいておく（余分な粉は取り除く）。

3 チョコレートは細かく砕き、バターとともに湯煎にかけて溶かす。

4 卵と砂糖を泡立て、薄力粉と塩を加えて混ぜる。

5 チョコレートとバターが溶けたら、4にゆっくりと入れて混ぜ、バニラエッセンスを加える。

6 ラムキンまたはベーキング用の器に流し入れ、天板にのせる。天板にのせたままラップをかけて、冷蔵庫で8時間まで保存可能。パーティの際は、オーブンに入れる30分前に冷蔵庫から出し、お客様がメインを食べているあいだにオーブンで焼く。

7 200度のオーブンで約12分焼く。外側は火が通り、内側がまだドロッとした状態ができ上がり。

チョコレート・フォンダンは器ごと個別の皿にのせ、粉砂糖を振りかけて、あたたかいうちに供する。生のラズベリーと、ラズベリー・ソルベを添えればなおエレガント。大絶賛間違いなし。

訳者あとがき

本書の作者は、フランス人を母方の祖母に持つ、アメリカ人女性です。アメリカで生まれ、アメリカ人として育ちました。そんな彼女の幼少時からの憧れが、フランス人のおばあちゃん。いつだっておしゃれで、エレガントで、セクシーだった祖母。ストッキングにヒールの靴をはいて颯爽と歩き、ナチュラルメイクを欠かさず、ときには夫婦喧嘩をスパイスに織り込みながら、死ぬまで祖父の心をとらえて離さなかった祖母。作者が成長し、当時のアメリカ人女性のご多分に漏れず「男女同権」運動に目覚め、「女らしく」している祖母を男女不平等だといって責めたときも、彼女は微笑むだけ。孫の主張を相手にしようとはしませんでした。

幼い頃から祖母と、祖母の出身国フランスに憧れていた作者は、大学を卒業すると意気軒昂とフランスに渡り生活をはじめますが、しょせんはよそ者でしかなく、失意のうちに帰国します。そんな彼女が、自分の祖母の――ひいてはフランス人女性の――すごい能力をはっきりと意識したのは結婚と離婚を経験してから。祖母は（そしてその娘である自分の母も)、長い結婚生活のあいだずっと、夫の心をとらえ続けていた。どうしたらそんなことができるの？　どうしたら、男性の心を惹きつけ、飽きさせず、愛をずっとキープしていくことができるの？　フランス人女性だけが知る、充実したラブ・ライフへの秘訣がどこかにあるのだろうか？

そこから旅がはじまりました。作者は何度も渡仏し、フランス国内を何ヵ所もまわって、数多くの女性にインタビューを行いました。どうやってパートナーと出会ったの？　毎日の生活で心がけていることは？　恋愛において大事なことは？　または、してはならないことは？　あらゆる年齢、社会的階層の女性たちに話を聞いていくうちに、フランス人女性ならではのパターンや思考回路が見えてきた、それをまとめたのが本書です。

本書に至るまでに作者がたどってきた道のりは、そのまま現代アメリカ人女性の生き方の歴史でもあります。男女平等を求めて走り続けてきたものの、いざそれを手に入れてみると、弊害もたくさんあることが分かりました。性を意識するあまり、女性は自然な女らしさを表現することができなくなってしまい、男性のほうも、女らしさを褒め称えることがためらわれるという、男女間が奇妙にぎくしゃくとした社会になってしまったのです。

自分たちの生き方や価値観は間違っていたのではないか?という漠然とした意識の転換期にある現代、作者は「セクシー」と「フェミニン」を前面に出して生きるフランス人女性の価値観を紹介し、アメリカ人女性の意識変化に新境地を開いてみせました。女性の自立を描いた七〇年代のベストセラー『飛ぶのが怖い』の作者エリカ・ジョングは、本書に「魅力的な一冊!」との言葉を寄せています。また現代の「タブロイド誌の女王」といわれ、『スター・マガジン』をはじめ数多くの雑誌の編集長を務めてきたボニー・フラーは「シングル女性必読! ジェイミー・キャット・キャランが、自分への自信を高め、男性を魅惑するフランス人女性の秘密を明かします。あなた自身も、そして恋人もとろけさせること請け合い!」と惜しみない賞賛の言葉を贈っています。

そしてフランス人でもアメリカ人でもない、日本人女性のあなた。あなたにも必ず活用できるテクニックがあります。本書があなたのラブ・ライフの向上と、素敵な出会いの役に立ちますように!

永峯　涼

ジェイミー・キャット・キャラン　*Jamie Cat Callan*

フランス人の祖母のもとで育つ。子どものころから祖母の女性らしい魅惑的なライフスタイルに不思議な憧れを抱く。祖母の死後フランスを何度も訪れ、延べ100人以上のフラン女性にインタビューを行い本書を執筆。アメリカで発売されるや、リアルな告白エッセイとしてたちまちベストセラーとなり、世界10か国以上で翻訳されている。

現在は本の執筆のほか、ニューヨークタイムズ紙をはじめ多くの新聞・雑誌に恋愛指南コラムを書いたり、ニューヨーク大学、エール大学、*UCLA*などでライティングの講座をもつなど、活動は多岐にわたる。

その他の著書に『いつも、いまが幸せ―〈生きる喜び〉を見つける12のレッスン』（プレジデント社）などがある。

アメリカ・マサチューセッツ州で、気象科学者の夫とともに暮らしている。

◎著者公式ホームページ　*http://www.jamiecatcallan.com*

永峯　涼　*Nagamine Ryou*

上智大学外国語学部卒。訳書に『ボルドー　第4版』（共訳・美術出版社刊）、『金で買えるアメリカ民主主義』（共訳・角川書店刊）、『ロバート・パーカーが選ぶ　最新版　世界の極上ワイン』（共訳・河出書房新社刊）、『ザ・クオンツ　世界経済を破壊した天才たち』（角川書店刊）などがある。

——本書のプロフィール——

本書は二〇一一年九月にプレジデント社より単行本として刊行された同名作品を文庫化したものです。

小学館文庫プレジデントセレクト

セクシーに生《い》きる

著者　ジェイミー・キャット・キャラン

訳　永峯 涼

企画・編集　藤代勇人

二〇一六年九月十一日　初版第一刷発行

発行人　菅原朝也
発行所　株式会社 小学館
〒一〇一-八〇〇一
東京都千代田区一ツ橋二-三-一
電話　販売〇三-五二八一-三五五五
編集（プレジデント社）
〇三-三二三七-三七三二
印刷所――――凸版印刷株式会社

この文庫の詳しい内容はインターネットで24時間ご覧になれます。
小学館公式ホームページ　http://www.shogakukan.co.jp

ISBN978-4-09-470008-4